高等教育自学考试系列辅导丛书

丛书组编 四川英华教育文化传播有限公司
Sichuan Yinghua Education & Culture Communication Co.,Ltd
编写依据《幼儿园教育基础》（郑三元主编 高等教育出版社）

等教育自学考试 《幼儿园教育基础》 辅导资料

（学前教育专业）

幼儿园教育基础模拟试题集

主 编 英华教育自考命题研究组

课程代码
12339

西南财经大学出版社
Southwestern University of Finance & Economics Press

中国·成都

图书在版编目（CIP）数据

幼儿园教育基础模拟试题集/英华教育自考命题研究组主编 . —成都：西南财经大学出版社,2018.11

ISBN 978-7-5504-3838-5

Ⅰ.①幼…　Ⅱ.①英…　Ⅲ.①学前教育—高等教育—自学考试—习题集　Ⅳ.①G61-44

中国版本图书馆 CIP 数据核字（2018）第 266740 号

幼儿园教育基础模拟试题集

YOUERYUAN JIAOYU JICHU MONI SHITIJI

主　编　英华教育自考命题研究组

责任编辑：李特军

封面设计：张姗姗

责任印制：朱曼丽

出版发行	西南财经大学出版社(四川省成都市光华村街 55 号)
网　　址	http://www.bookcj.com
电子邮件	bookcj@ foxmail.com
邮政编码	610074
电　　话	028-87352211　87352368
照　　排	四川胜翔数码印务设计有限公司
印　　刷	郫县犀浦印刷厂
成品尺寸	185mm×260mm
印　　张	11
字　　数	196 千字
版　　次	2018 年 12 月第 1 版
印　　次	2018 年 12 月第 1 次印刷
印　　数	1— 2500 册
书　　号	ISBN 978-7-5504-3838-5
定　　价	35.80 元

高等教育自学考试系列辅导丛书

编 委 会

丛书前言

依靠自己的力量，在有限的时间里学习一门新学科，从不懂到懂，从不会到会，从不理解到理解，从容易遗忘到记忆深刻，从不会应用到熟练应用，从模仿到创新，把书本知识内化为自己的知识，是一个艰难的过程。在这个过程中，自学者不仅需要认真钻研考试大纲，刻苦学习教材和辅导书，还应该做适量的练习，把学和练有机地结合起来，否则就不能达到预定的学习目标。"纸上得来终觉浅，绝知此事要躬行。"这是每一位自学者都应遵循的信条。

编写模拟试题，同样是不容易的事。它对编写者提出了相当高的要求：

● 有较深的学术造诣。

● 有较丰富的教学经验。

● 对高等教育自学考试有深刻的理解并有一定的辅导自学者的经历。

● 对考试大纲、教材、辅导书有深入的了解，对书中的重点、难点、相互联系等有准确的理解。

● 对自学者的学习需要和已有的知识基础有一定的了解。

只有把这些因素融汇在一起，编写者才能编写出高质量的，有利于举一反三、事半功倍的模拟试题。

基于学习目标的考虑，我们把模拟试题大致分为以下四个步骤：

第一，单项练习：针对一个知识点而设计的练习题。其目的在于帮助自学者理解和记忆基本概念和理论。

第二，创造性练习：提供一些案例、事实、材料，使自学者应用所学的理论、观点、方法创造性地解决问题。这类问题可能没有统一的答案，只有一些参考性的思路。其目的很明显，就是培养自学者的创新意识和能力。

第三，综合自测练习：在整个学科范围内设计练习题，尽量参考考试大纲要求的题型，组成类似考卷的练习题。其目的在于使自学者及时检测全部学习状况，帮助自学者做好迎接统一考试的知识及心理准备。

第四，历届试题练习：旨在帮助自学者能按正规考试要求进行学习效果的测试。

子曰："学而时习之，不亦乐乎。"一边学，一边练，有节奏、有规律地复习，不仅提高了学习效率，也会给艰难的学习过程带来不少的快乐。圣人能够体会到这一点，我们每一位自学者同样能体会到。如果通过这样的学习过程，实现了学习目标，实现了人生的理想，实现了对自我的不断超越，那么我们说这种学习其乐无穷也毫不夸张。

高等教育自学考试系列辅导丛书的编写和出版工作是一项艰巨而复杂的文化系统工程，需要付出很多的时间与精力来完成。立足现状，不骄不馁；展望未来，任重道远。我们满怀信心，肩负教育事业赋予文化企业的使命，承担科教兴国的中国教育梦，责无旁贷，无怨无悔。我们坚信只要怀有对文化教育事业的诚挚热爱，心系考生，情牵教育，胜利与成功一定属于付出努力的人。

英华教育自考命题研究组

2017 年 9 月

编写说明

《幼儿园教育基础模拟试题集》系全国高等教育自学考试学前教育专业（专科）必修课程幼儿园教育基础的配套参考用书。该课程是帮助学生掌握幼儿园教育知识并培养其应用能力的一门专业基础课程。

该课程自2015年使用新版教材以来尚未出版过一本以供考生练习使用的复习资料。而该课程内容多，难度大，且应用性、理论性及知识性较强，因此，考生在复习迎考时觉得无从下手。为了满足广大考生复习备考之要求，我们根据长期从事高等教育自学考试教学和管理的经验，历时一年之久，精心编写了本书。

在编写时，我们依据全国高等教育自学考试委员会发布的《幼儿园教育基础自学考试大纲》和高等教育出版社出版的《幼儿园教育基础》（2015年版，郑三元主编）以及历年考试试卷，并结合学前教育理论的发展，新的法律法规及教育科技成果的不断创新，以模拟试题形式编写了本书。编写时，力求做到重点突出，内容全面，有针对性和实用性。题型包括单项选择题、名词解释题、简答题、论述题和案例分析题等常规考试题型，并配有近年自考试卷和较为完整的参考答案，以供考生练习使用。

由于模拟试题毕竟不是考试真题，有其局限性，希望考生在认真研读教材、大纲的基础上去练习，不可本末倒置，置教材、大纲于不顾，而一味地做题、猜题、押题，相信考生能理解我们编写此书的良苦用心。"书山有路勤为径，学海无涯苦作舟。"辅导书固然好，但也只是一个助手，在通往成功之路上，更多的是需要自学者的勤奋和努力。

"梅花香自苦寒来"，考生在学习幼儿园教育基础课程的过程中，只有掌握恰当的学习方法，熟读所学内容，多做练习，才会学好这门课程，取得优异的成绩，实现梦想。

知识随时在更新，我们会根据新形势、新情况，应广大考生要求，编写出更多、更新、更符合自考规律的辅导书。

在编写本书时，我们吸收了国内同行的许多经验和优秀教学成果，并得到西南科技大学自考办、四川旅游学院继续教育学院、四川大学、四川科技职业学院自考办、成都航空职业技术学院继续教育学院、四川交通职业技术学院、四川英华教育文化传播有限公司、西南财经大学出版社等单位的大力支持，在此一并表示感谢。

由于编写时间仓促和经验不足，错误与遗漏在所难免，希望考生和助学教师在使用过程中提出批评和意见，我们将会在再版时，进行更新与修正。

英华教育自考命题研究组

2018 年 10 月于成都

目 录

第一编 单元模拟试题

第二编 综合模拟试卷

第三编　近年自考试题汇编

第一编
单元模拟试题

第一单元 幼儿园教育概述模拟试题

一、**单项选择题**（在每小题列出的四个备选项中只有一个是符合题目要求的，请将其代码填写在题后的括号内。错选、多选或未选均无分。）

1. 幼儿园教育要结合幼儿的现实发展需要，要启于未发，适时而教，循序而育，以免损伤"稚嫩的芽"，这体现了幼儿教育的（   ）。

    A. 基础性   B. 发展性

    C. 启蒙性   D. 公益性

2. 下列说法不正确的是（   ）。

    A. 幼儿园的创立，标志着幼儿教育从此迈上了科学化的轨道

    B. 在机器大生产以前的社会中，家庭始终是幼儿教养的基本单位

    C. 亚里士多德首次提出教育要与人的自然发展相适应

    D. 陶行知创办了我国第一所培养幼儿教师的机构——江西女子师范学校

3. 将年幼儿童的教育融于生产生活之中，其主要任务是保证幼儿的存活。这体现的是下列哪种社会形态下幼儿教育的特点（   ）。

    A. 原始社会   B. 奴隶社会

    C. 封建社会   D. 社会主义社会

4. 强调教育即生活，主张学校的课程应着眼于儿童现在的生活经验，注重培养儿童对现实社会的适应能力。这反映的是下列哪位教育家的思想？（   ）

    A. 卢梭   B. 杜威

    C. 皮亚杰   D. 布鲁纳

5. 下列关于幼儿园教育的产生，叙述错误的是（   ）。

    A. 机器大生产影响了以往幼儿的教养方式

    B. 在原始社会，家庭是幼儿教养的基本单位

    C. 教育思想的发展促进了幼儿园教育的产生

D. 在封建社会，生产力得到了极大发展，这时的幼儿教育极少在家庭中进行

6. 标志着我国幼儿园教育迈上法制化轨道的文件是（   ）。

    A.《城市幼儿园工作条例（试行草案）》（1979）

    B.《幼儿园管理条例》（1989）

    C.《幼儿园工作规程》（1996）

    D.《幼儿园教育指导纲要（试行）》（2001）

7. 幼儿园教育是由具有一定专业权威的教师担任，并且幼儿教师都是经过学习并考核合格后才执证上岗的。这体现的幼儿园教育的特点是（   ）。

    A. 组织性   B. 群体性

    C. 专业性   D. 计划性

8. 下列关于促使幼儿园教育产生的教育思想的表述，错误的是（   ）。

    A. 柏拉图第一个提出较为系统的学前教育思想

    B. 卢梭的《母育学校》，是教育史上第一部论述幼儿教育的专著

    C. 夸美纽斯第一个对学前教育提出了深刻认识并做了系统论述

    D. 罗伯特·欧文为谋求儿童的生存、健康和幸福，为工人阶级创办了第一所幼儿学校

9. 创办我国第一所实验幼稚园和第一所培养幼儿教师机构的是（   ）。

    A. 张雪门   B. 陈鹤琴

    C. 陶行知   D. 刘晓东

10. "这一阶段获得的学习经验不仅会影响他们当下的发展，还会影响他们在小学、中学、大学甚至大学以后的发展"，强调了幼儿园教育的哪种性质？（   ）

    A. 公益性   B. 基础性

    C. 阶段性   D. 目的性

11. 下列选项中属于幼儿园教育对幼儿个体的发展起作用的是（   ）。

    A. 培养人才

    B. 减轻父母负担

    C. 促进德、智、体、美全面发展

    D. 稳定社会

12. 我国第一所官办的学前教育幼儿园是（   ）。

    A. 湖北幼稚园

B. 南京鼓楼幼稚园

C. 湖南幼稚园

D. 河北幼稚园

13. 下列选项中对幼儿园教育的描述，错误的是（ ）。

A. 幼儿园教育是基础教育的组成部分

B. 对幼儿实施有目的、有计划、有组织的校园活动

C. 有专门的幼儿园承担

D. 有专职的幼教工作者

14. 幼儿园教育产生和幼儿教育发展迈上科学化轨道始于（ ）。

A. 原始社会　　　　　　　　　B. 奴隶社会

C. 资本主义社会　　　　　　　D. 封建社会

15. 下列选项中不属于杜威教育理论核心的是（ ）。

A. 教育即学习

B. 教育即生活

C. 教育即生长

D. 教育即经验的改造

16. 在幼儿园中设置活动区，为儿童提供实物和环境以培养其创造能力和思维能力。这里体现了教育家（ ）的教育思想。

A. 蒙台梭利

B. 皮亚杰

C. 福禄贝尔

17. 进入20世纪以后，幼儿园教育机构越来越多样化，基本可归为两类（ ）。

A. 全日制和半日制

B. 师范性和家教性

C. 实验性和技能训练性

D. 正规性和非正规性

18. 提出适合我国国情的"活教育理论"和创立"五指活动"课程的教育家是（ ）。

A. 张雪门　　　　　　　　　　B. 陈鹤琴

C. 陶行知　　　　　　　　　　D. 刘晓东

19. 1904 年，清政府颁布文件规定学前教育机构为"蒙养院"的是（　　）。

　　A.《学校系统改革案》　　　　　　B.《蒙养堂章程》

　　C.《钦定学堂章程》　　　　　　　D.《奏定学堂章程》

20. 教育史上第一部论述幼儿教育的专著是（　　）。

　　A. 福禄贝尔的《幼儿园教育学》

　　B. 夸美纽斯的《母育学校》

　　C. 卢梭的《爱弥儿》

　　D. 皮亚杰的《母育学校》

21. 强调"爱"的教育并实施，其思想主张直接影响幼儿园教育的内容和方法的是（　　）。

　　A. 卢梭　　　　　　　　　　　　B. 夸美纽斯

　　C. 裴斯泰洛齐　　　　　　　　　D. 福禄贝尔

22. 福禄贝尔幼儿园的特制玩具是（　　）。

　　A. 积木　　　　　　　　　　　　B. 恩物

　　C. 沙土　　　　　　　　　　　　D. 思物

二、名词解释题

1. 幼儿园教育

2. 恩物

3. 关键期

三、简述题

1. 简述幼儿园教育在整个幼教系统中的主导作用。

2. 简述幼儿园教育的作用。

3. 简述幼儿园教育的特点和性质。

4. 简述福禄贝尔幼儿园的创举。

5. 简述我国幼儿园教育产生和发展经历的时期。

四、论述题

试述幼儿园教育在幼儿教育体系中的核心地位。

第二单元　幼儿园教育的基础观念模拟试题

一、单项选择题（在每小题列出的四个备选项中只有一个是符合题目要求的，请将其代码填写在题后的括号内。错选、多选或未选均无分。）

1. 联合国《儿童权利公约》规定儿童享有多项权利，其中不包括（　　）。
    A. 生存权 　　　　　　　　　　 B. 发展权
    C. 名誉权 　　　　　　　　　　 D. 参与权

2. 福禄贝尔和卢梭的儿童观的相同点是（　　）。
    A. 儿童的本性是善良的
    B. 重视尊重儿童
    C. 研究儿童的心理发展
    D. 反对"小大人"的儿童观

3. 下列关于幼儿教育观的叙述，错误的是（　　）。
    A. 教育应促进每个幼儿在原有水平上发展
    B. 为促进幼儿在原有水平上发展，应为幼儿设置"最近发展区"
    C. 教学是幼儿园"教"与"学"的基础
    D. 对幼儿实施差异教育

4. 关于神本位儿童观的描述，错误的是（　　）。
    A. 儿童不是父母的私有财产，是上帝的恩赐
    B. 儿童是"有罪的羔羊"，生下来就带有"原罪"
    C. 宣扬宗教思想，是宗教传播的工具
    D. 认为儿童是成人的缩影，是成人的附庸

5. 幼儿园实现寓教于（　　）。
    A. 创设环境 　　　　　　　　　 B. 游戏

C. 表演   D. 背诵

6. 下列选项中不是教育对儿童发展的作用模式的是（   ）。

     A. 维持   B. 统领

     C. 促进   D. 诱导

7. "我生活中最主要的东西是什么？我毫不犹豫地回答：对孩子的爱。"这体现了对幼儿教师专业素质哪个方面的要求？（   ）

     A. 专业理念与师德   B. 专业知识

     C. 专业能力   D. 环境创设与活动指导

8. 现在幼儿教师在幼儿学习活动中扮演的角色是（   ）。

     A. 传授者、管理者、合作者

     B. 引导者、合作者、支持者

     C. 控制者、引导者、传授者

     D. 管理者、支持者、传授者

9. 《幼儿园教师标准（试行）》（2012）分析幼儿教师应具备的专业素质的三个纬度是（   ）。

     A. 专业理念、师德、专业知识

     B. 专业技能、专业知识、专业能力

     C. 职业理念、专业知识、专业技能

     D. 专业理念与师德、专业知识、专业能力

10. 现代型幼儿教师应该承担的角色是（   ）。

     A. 知识的传授者   B. 幼儿教育活动的合作者

     C. 幼儿的管理者   D. 幼儿的控制者

11. 《幼儿园教师专业标准》要求幼儿教师所应具备的专业能力不包括（   ）。

     A. 观察与了解幼儿的能力   B. 环境创设的能力

     C. 沟通与合作的能力   D. 舞蹈、钢琴等艺术方面的能力

12. 在端午节，幼儿园在园内和班级内张贴关于端午节的海报和字条，组织包粽子的班级活动，体现的幼儿园教育内容选择的原则是（   ）。

     A. 趣味性原则   B. 综合性原则

     C. 适宜性原则   D. 生活性原则

13. 下列选项中属于我国教育家刘晓东的儿童观的是（   ）。

A. 儿童具有"内在"生长法则

B. 儿童是破坏者，不是建设者

C. 儿童生活具有其自身价值

D. 儿童是"艺术家""梦想家"和游戏者

14. 蒙台梭利认为儿童的心理发展有其自身特点，而人所特有的是具有（　　）。

A. 生理胚胎期　　　　　　　B. 心理胚胎期

C. 敏感期　　　　　　　　　D. 吸收性心智

15. 我国提出解放儿童"头脑""双手""眼睛""嘴""时间"和"空间"等儿童创造力的六大主张的教育家是（　　）。

A. 张雪门　　　　　　　　　B. 陶行知

C. 蔡元培　　　　　　　　　D. 刘晓东

16. 认为儿童有活动、认识、艺术和宗教四种本能的教育家是（　　）。

A. 皮亚杰　　　　　　　　　B. 陶行知

C. 刘晓东　　　　　　　　　D. 福禄贝尔

17. 杜威认为未成熟状态是儿童成长的首要条件，具有的两个主要特征是（　　）。

A. 先天性和后天性

B. 依靠性和先天性

C. 依赖性和可塑性

D. 后天性和可塑性

18. 下列选项中不属于工具本位的儿童观的是（　　）。

A. 人本位的儿童观

B. "小大人"儿童观

C. 神本位的儿童观

D. 国家本位的儿童观

19. 呼吁"让儿童在成为成人之前让他先成为儿童"的教育学者是（　　）。

A. 杜威

B. 蒙台梭利

C. 卢梭

D. 福禄贝尔

20. 从根本上扭转了过去用成人社会的要求对待儿童的传统，第一次把儿童从社会偏见和双亲的束缚下解放出来的理论是（　　）。

　　A. 杜威认为儿童是未成熟的人，是发展中的人

　　B. 蒙台梭利认为儿童最喜欢的活动是"工作"

　　C. 卢梭对"儿童的发现"

　　D. 福禄贝尔认为儿童有四种本能

二、名词解释题

1. 完整儿童

2. 幼儿教师观

3. 最近发展区

4. 内部活动

5. 敏感期

6. 吸收性心智

7. 维持

8. 外部活动

9. 原罪说

10. 诱导

三、简述题

1. 简述教师应具备的幼儿教育观。

2. 简述幼儿教育工作应具备的儿童观。

3. 简述人本位儿童观的主要内容。

4. 简述幼儿老师应具备的专业能力。

5. 简述幼儿园以游戏为基本活动的立论点。

6. 简述幼儿学习与发展的主动性表现。

四、论述题

1. 试述幼儿园教育的整体性。

2. 试述幼儿园教育中促进幼儿在原有水平上发展的方法。

五、案例分析题

大班美术活动要求幼儿根据自己妈妈的样子来画妈妈。当教师发现萌萌画的妈妈身上"长"出一对蝴蝶的翅膀时：

教师：萌萌，你的妈妈是蝴蝶呀？

萌萌：我是想给妈妈画一个（一对）蝴蝶翅膀。

教师：哪个人长蝴蝶翅膀？天天看妈妈还不知道妈妈长什么样?!

萌萌：我……

教师：我什么我！重画！好好画！这个还要贴在墙上给家长看的，你画成那样怎么贴？于是，教师拿走萌萌画好的"妈妈"，重新发了一张白纸给她，并要求萌萌重新画一幅"正确"的妈妈画像。

问：（1）根据儿童观的内容分析案例中教师的做法。

（2）试述幼儿教育工作者应具备的儿童观和幼儿教师观。

第三单元　幼儿园教育的目标及内容
模拟试题

一、单项选择题（在每小题列出的四个备选项中只有一个是符合题目要求的，请将其代码填写在题后的括号内。错选、多选或未选均无分。）

1. 幼儿园教育总目标的特点不包括（　　）。

    A. 发展性
            B. 终期性

    C. 独特性
            D. 统领性

2. 在选择幼儿园教育内容时，所依据的原则不包括（　　）。

    A. 基础性原则
        B. 启蒙性原则

    C. 教育性原则
        D. 生活性原则

3. 从横向上看，幼儿园教育目标的构成要素不包括（　　）。

    A. 幼儿园教育活动目标
        B. 身体目标

    C. 认知目标
        D. 动作技能目标

4. 在我国，促进学习者全面发展一直是国家的教育方针政策。对这一政策具体化的教育原则是（　　）。

    A. 全面教育原则

    B. 全体教育原则

    C. 协调发展原则

    D. 全民教育原则

5. 在制定幼儿园教育目标时，小班侧重身体发展方面，而大班多侧重于认知、生活做事方面。这说明在制定幼儿园教育目标时要注意（　　）。

    A. 整体性

    B. 时代性

    C. 年龄差异性

D. 社会性

6. 教育不仅要让儿童学会认知，更重要的是要学会做事、学会共同生活、学会生存。这要求制定幼儿园教育目标要体现（　　）。

A. 整体性

B. 时代性

C. 年龄的差异性

D. 一般发展性

7. 阶段目标是对领域目标在各年龄阶段的落实，使幼儿园各年龄段的教育具有针对性和差别性。这里体现的阶段目标的特点是（　　）。

A. 局域性

B. 层次性

C. 综合性

D. 趣味性

8. 为幼儿园教育活动提供科学的行动指南或方向的是（　　）。

A. 幼儿园教育目标

B. 尊重和保护儿童原则

C. 幼儿教育目标

D. 全面教育和协调发展原则

9. 在纵向幼儿园教育目标体系中，关于每一层目标的说法错误的是（　　）。

A. 幼儿园教育总目标比较概括、抽象

B. 幼儿园教育活动目标是对幼儿园教育领域目标的实现

C. 幼儿园教育领域目标对幼儿年龄阶段目标的制定具有指导作用

D. 幼儿教育活动目标是一种即时性的目标

10. 下列选项中属于幼儿园教育领域目标的是（　　）。

A. 培养幼儿初步的感受美和表现美的情趣和能力

B. 促进幼儿身体正常发育

C. 培养良好的生活、卫生习惯

D. 能听懂和会说普通话

11. 在幼儿园教育领域目标中，每个领域内幼儿学习的结果都有个预定的边界，这体现的领域教育目标的特点是（　　）。

A. 独特性

B. 一般发展性

C. 局域性

D. 层次性

12. 下列关于幼儿园教育目标的意义，表述错误的是（　　）。

　　A. 为教育活动提供了一个较为科学的行动指南

　　B. 界定了幼儿园教育的领域的范围及要点

　　C. 有利于选择适宜幼儿发展的各种活动，

　　D. 是评价整个教育工作的重要依据

13. 幼儿园教育目标不仅包含认知、生存方面，更包含生活、做事方面。这体现了制定教育目标要遵循的要求是（　　）。

　　A. 整体性

　　B. 时代性

　　C. 年龄差异性

　　D. 综合性

14. 下列关于制定幼儿园教育目标的依据，说法正确的是（　　）。

　　A. 依据幼儿的发展特点及需要

　　B. 最根本依据是社会发展的需要

　　C. 指导思想是我国的教育目标

　　D. 依据幼儿教育目标

15. 幼儿教师在语言课上只讲故事、音乐课上只唱歌、体育课上只做游戏的做法，违背的原则是（　　）。

　　A. 活动性原则

　　B. 综合性原则

　　C. 适宜发展性原则

　　D. 独立自主性原则

16. 下列选项中属于过程性的幼儿园教育内容的是（　　）。

　　A. 童话故事

　　B. 科技产品

　　C. 饮食习惯

　　D. 观察讲述

17. "培养儿童活泼开朗的性格"的教育内容属于（　　）。

　　A. 智育内容

　　B. 体育内容

　　C. 德育内容

　　D. 美育内容

18. 我国幼儿园教育总目标的特点是（　　）。

　　A. 长期性、递进性、独特性

　　B. 层次性、领域性、一般发展性

　　C. 独特性、终期性、统领性

　　D. 阶段性、层次性、递进性

19. 在幼儿园教育目标体系纵向结构中，最末端的目标是（　　）。

　　A. 阶段目标

　　B. 领域目标

　　C. 总目标

　　D. 活动目标

20. "情绪安定、愉快""喜欢参加体育活动，动作协调灵活"描述的领域目标是（　　）。

　　A. 健康教育领域目标

　　B. 艺术教育领域目标

　　C. 科学教育领域目标

　　D. 社会教育领域目标

21. 根据美国心理学家布卢姆的目标分类学中的标准，可将教育目标分为（　　）。

　　A. 认知目标、情感目标、动作技能目标

　　B. 身体目标、认知目标、情感目标

　　C. 身体目标、情感目标、动作技能目标

　　D. 个性目标、身体目标、认知目标

22. 通过在幼儿园的学习要让"三岁幼儿能较好地扣好衣服的扣子，能沿直线剪纸"。从幼儿身心发展层面看，是幼儿园教育的（　　）。

　　A. 身体目标

B. 认知目标

C. 情感目标

D. 动作技能目标

23. 构成幼儿园全面教育的主要内容的是（   ）。

A. 身体、认知、情感动作技能、社会性发展

B. 德育、体育、智育、美育

C. 健康、语言、科学、社会、艺术

D. 身体、认知、情感、个性、社会性

24. 幼儿园教育的"方向盘"是指（   ）。

A. 幼儿教育方法

B. 幼儿教育内容

C. 幼儿教育目标

D. 幼儿园教育目标

25. 制定幼儿园教育目标的根本依据是（   ）。

A. 幼儿身心发展规律及需要

B. 社会发展的需要

C. 我国的教育目的

D. 学前教育目标

26. 在幼儿园教育中，以幼儿不同年龄阶段的身心特征为依据而确定的教育目标是（   ）。

A. 阶段目标

B. 领域目标

C. 层级目标

D. 活动目标

27. "幼儿在 3~4 岁时能沿地面直线或在较窄的低矮物体上走段距离，在 4~5 岁时能在较窄的低矮物体上平稳地走一段距离，在 5~6 岁时能在斜坡、荡桥和一定间隔的物体上平稳行走。"这体现的幼儿园教育阶段目标的特点是（   ）。

A. 层次性

B. 递进性

C. 发展性

D. 局域性

二、名词解释题

1. 教育目的

2. 幼儿园教育活动目标

3. 过程性内容

4. 幼儿园教育目标

5. 教育目标

三、简述题

1. 简述制定幼儿园教育目标的依据。

2. 简述幼儿园教育内容的分类。

四、论述题

试论教育目的、教育目标、幼儿教育目标、幼儿园教育目标的关系。

五、案例分析题

目前，有些幼儿园将小学低年级应掌握的知识引入幼儿园课程：在拼音和汉字学习方面，要求幼儿园能读能写；在计算方面，要求幼儿能够进行较大数位的加减运算。

问：（1）从幼儿园教育性质来分析材料中幼儿园教育的内容设置是否科学合理。

（2）幼儿园教育内容的选择需要遵循哪些原则？

第四单元　幼儿园教育的基本原则
模拟试题

一、单项选择题（在每小题列出的四个备选项中只有一个是符合题目要求的，请将其代码填写在题后的括号内。错选、多选或未选均无分。）

1. "深沉的爱、殷切的希望、痛苦的思虑等"属于（　　　）。

    A. 情感   B. 认知

    C. 个性   D. 身体需要

2. 《幼儿园教育指导纲要（试行）》指出，幼儿园教育工作的首要任务是（　　　）。

    A. 保护幼儿生命和促进幼儿健康

    B. 保护幼儿的自尊心和自信心

    C. 保护幼儿的好奇心和求知欲

    D. 保护幼儿的想象力和创造力

3. 下列选项中哪一个属于幼儿园教育的一般原则？（　　　）

    A. 全面教育和协调发展的原则

    B. 保教结合原则

    C. 活动性原则

    D. 寓教育于幼儿一日生活之中的原则

4. 下列关于幼儿园教育保教一体化的说法，错误的是（　　　）。

    A. "保"和"教"是幼儿园教育中相互渗透的两方面内容，不是完全分开的

    B. 促进幼儿身心健康不仅是"保"的任务，也是"教"的任务

    C. 保养幼儿的工作不是简单的生活照顾，而是对幼儿进行行为辅导和习惯培养

D. 教育教学的任务就是对幼儿进行单纯的知识和技能训练

5. 教师要以平等的身份参与幼儿的活动，学会倾听幼儿，及时发现幼儿的兴趣，捕捉教育契机，理解欣赏幼儿，做幼儿自主活动的鼓励者、支持者、帮助者。这体现的教育原则是（　　）。

A. 寓教育于幼儿一日生活之中的原则

B. 全面教育和协调发展原则

C. 保教结合原则

D. 尊重和保护儿童原则

6. 为幼儿提供丰富的活动材料，创设宽松的充满关爱的心理环境。这里体现的教育原则是（　　）。

A. 游戏性原则

B. 活动性原则

C. 尊重和保护儿童原则

D. 实践性原则

7. 下列幼儿园全面教育主要内容中，主要通过幼儿与其他人的交往关系形成的是（　　）。

A. 个性 　　　　　　　　　　B. 认知

C. 情感 　　　　　　　　　　D. 社会性

8. 下列关于尊重和保护儿童原则的运用，说法错误的是（　　）。

A. 一味关注智力方面的教育

B. 善于捕捉教育契机

C. 以平等的身份参与幼儿的活动

D. 及时发现幼儿兴趣

9. "某某某，不准乱动！"这是在教学活动中常见的教师命令式制止幼儿的话语。这种制止幼儿行为的方式违背的教育原则是（　　）。

A. 保教结合原则

B. 尊重和保护儿童原则

C. 滥用教师权威

D. 面向全体和因人施教原则

10. 幼儿活动环境的有机组成部分是（　　）。

A. 位置 　　　　　　　　　　B. 天气

C. 材料 D. 设施

11. 下列选项中不是幼儿园教育的特殊原则的是（ ）。

A. 保教结合原则

B. 活动性原则

C. 寓教育于幼儿一日生活之中原则

D. 面向全体和因人施教原则

12. 在课间喝水、如厕、盥洗时，会让儿童排成小队按顺序去，让幼儿在生活中学会讲卫生、守秩序，运用的教育原则是（ ）。

A. 活动性原则

B. 寓教育于幼儿一日生活之中原则

C. 面向全体和因人施教原则

D. 充分运用儿童、家庭和社会的教育资源原则

13. 下列选项中能够体现幼儿园教育与其他教育的根本区别的原则是（ ）。

A. 面向全体和因人施教原则

B. 尊重和保护儿童原则

C. 充分利用儿童、家庭和社会的教育资源的原则

D. 保教结合原则

14. 尊重幼儿就是要尊重幼儿的生命、人格、权利、身心发展特点，以及（ ）。

A. 个性差异和学习特点

B. 认知能力和自信心

C. 自尊心和自信心

D. 好奇心和想象力

15. 在保护幼儿工作的内容中，幼儿园放在工作首位的是（ ）。

A. 保护幼儿的自尊心和自信心

B. 保护幼儿的想象力和创造力

C. 保护幼儿的健康和安全

D. 保护幼儿的好奇心和求知欲

16. 下列关于幼儿园全面教育的叙述，错误的是（ ）。

A. 幼儿园全面教育可分为身体、认知、情感、个性和社会性五个方面

B. 身体是开展幼儿教育的物质基础

C. 认知的发展包含多个方面，一个方面教育的缺失不会影响幼儿完整的
发展

D. 情感是个性特征的重要组成部分，以内心体验的形式存在

17. 贯彻保教结合原则需要避免的问题是（　　）。

A. 保教分离，以教师为中心

B. 重"保"轻"教"，保教分离

C. 重"教"轻"保"，保教分离

D. 以教师为中心、滥用教师权威

18. 对幼儿园教育活动性原则的正确理解是（　　）。

A. 儿童随意玩耍

B. 在教师的统一要求下活动

C. 发挥教师在活动中的主导作用

D. 活动贯穿整个教育过程，是幼儿园教育的主要内容和形式

19. 在幼儿园里，有的教师只关注能力强、听话的幼儿，忽视那些不出众又不
吭声的幼儿。这种做法违背的教育原则是（　　）。

A. 面向全体原则

B. 协调发展原则

C. 全面教育原则

D. 保教结合原则

20. 在教育、教学中采用"一刀切""一锅煮"的办法，这违背的教育原则是
（　　）。

A. 集体教育原则　　　　　　　B. 全面教育原则

C. 活动性原则　　　　　　　　D. 因人施教原则

21. 下列选项中能够集中体现和反映开放式教育的教育原则是（　　）。

A. 面向全体和因人施教原则

B. 尊重和保护儿童原则

C. 充分利用儿童、家庭和社会的教育资源的原则

D. 活动性原则

22. 幼儿园教育要通过形式多样内容丰富的活动来实现幼儿身体，认知情感、
个性等方面的协调发展，这些教育活动内容的制定及实施过程中要遵守的原则是
（　　）。

A. 一般教育原则

B. 尊重和保护儿童原则

C. 活动性原则

D. 全面教育和协调发展原则

23. 在幼儿园中，幼儿和同伴分享自己的东西，遇见老师主动问候。这里体现的全面教育内容是（　　）。

　　A. 个性　　　　　　　　　　　B. 情感

　　C. 社会性　　　　　　　　　　D. 认知

24. 就社会实践而言，对福禄贝尔幼儿园的创建产生很大影响的是（　　）。

A. 亚里士多德的教育要与人的自然发展相适应的观点

B. 柏拉图系统的学前教育思想

C. 卢梭的《爱弥儿》

D. 欧文幼儿学校的原则和方法

25. 教师把儿童当作教育的主体，尊重儿童的权利与地位，为儿童发展提供保护，促进儿童健康持续发展。体现的教育原则是（　　）。

A. 一般教育原则

B. 全面教育原则

C. 协调发展原则

D. 尊重和保护儿童原则

26. 下列选项中不是尊重儿童的内容是（　　）。

A. 尊重儿童的健康

B. 尊重儿童的权利

C. 尊重儿童的学习特点

D. 尊重儿童的身心发展特点和个性差异

27. 《中华人民共和国未成年人保护法》规定：不得对幼儿实施体罚、变相体罚或者其他侮辱人格尊严的行为。该规定体现的保护幼儿的内容是（　　）。

A. 保护幼儿的健康和安全

B. 保护幼儿的自尊心

C. 保护幼儿享有的权利

D. 保护幼儿自信心

二、名词解释题

1. 寓教育于幼儿一日生活之中

2. 保教结合

3. 活动性原则

4. 幼儿园教育原则

5. 协调发展

三、简述题

1. 简述幼儿园教育原则中协调发展的内容。

2. 简述幼儿园教育中贯彻保教结合原则的要求及注意问题。

3. 简述幼儿园教育面向全体和因人施教原则的实施要求。

4. 简述完整保育的基本内容。

四、论述题

1. 试述幼儿教师在工作中贯彻尊重幼儿、保护幼儿原则的做法。

2. 试述保教结合中"保"和"教"的关系。

3. 试述幼儿园教育中贯彻实施全面教育和协调发展原则的要求。

五、案例分析题

目前，我国幼儿园教育事业得到普及和发展，然而幼儿园教育的问题也不断出现。最近报纸、电视新闻报道的幼儿园"虐童"现象时有发生。

问题：请根据尊重和保护儿童的原则分析"虐童"现象。

第五单元　幼儿园教育的基本方法 模拟试题

一、单项选择题（在每小题列出的四个备选项中只有一个是符合题目要求的，请将其代码填写在题后的括号内。错选、多选或未选均无分。）

1. 下列幼儿园教育的基本方法中，不属于复合型教育方法的是（　　）。

　　A. 语言法　　　　　　　　　B. 形象法

　　C. 移情法　　　　　　　　　D. 实践法

2. 产婆术是古希腊教育家苏格拉底的教学方法，实际上，产婆术即（　　）。

　　A. 讲解法　　　　　　　　　B. 提问法

　　C. 讨论法　　　　　　　　　D. 谈话法

3. 下列的提问方式属于发散式提问的是（　　）。

　　A. "你最喜欢吃的水果是什么？"

　　B. "鸭子会不会飞？"

　　C. "谁还有不一样的想法？"

　　D. "你认为青蛙是害虫，真的是害虫吗？"

4. 社会学习理论的代表人物是（　　）。

　　A. 皮亚杰　　　　　　　　　B. 班杜拉

　　C. 桑代克　　　　　　　　　D. 夸美纽斯

5. 皮亚杰的儿童认知发展理论认为，幼儿正处于前运算阶段。下面关于此阶段儿童的心理发展特征的描述正确的是（　　）。

　　A. 思维的可逆性

　　B. 获得物体守恒的概念

　　C. 具体形象性

　　D. 进行逻辑推理

6. 某种理论作为形象法的理论基础之一，认为儿童通过观察直观的具体形象获得学习，而学习结果是否表现出来则取决于强化，并对形象法的运用提出相应要求。该理论是（　　）。

  A. 社会学习理论

  B. 直观性教学原则

  C. 杜威教育理论

  D. 心理发展理论

7. 开展探究活动，丰富幼儿的实践经验，建立当值制度并长期坚持。体现的幼儿园教育方法是（　　）。

  A. 实践法   B. 游戏法

  C. 形象法   D. 语言法

8. 开展艺术欣赏活动的时候运用的教育方法有（　　）。

  A. 语言法、形象法   B. 实践法、情境法

  C. 语言法、情境法   D. 游戏法、形象法

9. 下列关于语言法的论述，正确的是（　　）。

  A. 语言法是一种单一的幼儿园教育方法

  B. 语言法是运用得最为广泛的幼儿园教育方法

  C. 语言法通常单独使用

  D. 语言法在与别的教育方法起使用时占主导地位

10. 在认识小动物的课堂上，教师按不同的比例把猪、老鼠、鸡画在挂图上，通过图片幼儿可以直观地看到小动物的大小，而不是所有动物一般大。这说明运用形象法需要注意的事项是（　　）。

  A. 选择教具要科学

  B. 选择教具要丰富

  C. 与行为练习相结合

  D. 与语言法相结合

11. 在课堂教学中，通过精神或物质奖励，鼓励那些符合课堂教学目的的学生行为是（　　）。

  A. 正强化   B. 负强化

  C. 自然消退   D. 期望

12. 基于强化理论采取的激励手段是表扬、鼓励和（　　）。

A. 批评　　　　　　　　　B. 惩罚

C. 体罚　　　　　　　　　D. 奖励

13. 应用"罗森塔尔效应"而建立的体现教师教育艺术的方法是（　　）。

A. 正强化　　　　　　　　B. 表扬

C. 积极期望　　　　　　　D. 激励法

14. 下列选项中不属于幼儿园教育中情境创设的原则是（　　）。

A. 幼儿主体性原则

B. 教师主体性原则

C. 具体直观性原则

D. 趣味性原则

15. 教师在教学过程中给大拇指套上纸做的玩偶，配上逼真的语音语调，编排有趣的故事等，体现的是哪种情境创设？（　　）

A. 生活情境创设

B. 游戏情境创设

C. 故事情境创设

D. 表演情境创设

16. 评价法的鲜明特点是（　　）。

A. 及时性　　　　　　　　B. 肯定性

C. 批评　　　　　　　　　D. 表扬

17. 下列选项中不属于实践法特点的是（　　）。

A. 直接经验性

B. 知行统一性

C. 体验性与亲历性

D. 趣味性

18. 下列选项中是游戏法的特点的是（　　）。

A. 科学性、趣味性和娱乐性

B. 体验性与亲历性、直观性

C. 体验性、趣味性、亲历性

D. 趣味性和娱乐性、体验性

19. 下列选项中不属于情境法的基础的是（　　）。

A. 语言法　　　　　　　　B. 形象法

C. 游戏法   D. 评价法

20. 正确运用语言法的要求是（   ）。

    A. 单独运用语言法才能发挥最佳效果

    B. 不用注意口气和态度

    C. 说一些长句

    D. 创设积极的语言运用环境

21. 通过直观的教具、图纸、电化工具或榜样行为来教学的方法是（   ）。

    A. 形象法   B. 语言法

    C. 实践法   D. 情境法

22. 在幼儿园教学中，为完美地表现形象，经常结合使用的方法是（   ）。

    A. 实物形象法、榜样形象法

    B. 语言形象法、行为形象法

    C. 实物形象法、语言形象法

    D. 榜样形象法、行为形象法

23. 下列幼儿园教育方法中属于单一方法的是（   ）。

    A. 移情进   B. 语言法

    C. 形象法   D. 实践法

24. 下列幼儿园教育基本方法中，运用最为广泛的是（   ）。

    A. 形象法   B. 评价法

    C. 语言法   D. 情境法

25. 下列选项中不属于语言法的内容是（   ）。

    A. 教师口语   B. 谈话法

    C. 讨论法   D. 情境法

26. 幼儿园里，一个小男孩摔倒了，另一个小男孩跑过去，故意摔倒，随即爬起来，拍拍身上的灰。接着，摔倒的男孩也爬起来，两个人一块儿去玩了。这种情况下第一个小男孩获得教育的方法是（   ）。

    A. 榜样形象法   B. 行为形象法

    C. 有意形象法   D. 无意形象法

27. 形象法的理论基础包括（   ）。

    A. 儿童认知发展理论、社会学习理论、直观性教学原则

    B. 儿童中心理论、儿童认知发展理论、感觉教育

C. 最近发展区理论、结构主义理论、多元智能理论

D. "鹰架教学"理论、成熟势利说、社会学习理论

28. 在运用形象法时，在最后结合榜样法运用的目的是（　　）。

A. 展示形象

B. 及时强化

C. 准备材料

D. 引导幼儿观察形象

二、名词解释题

1. 积极期望

2. 语言法

3. 实践法

4. 自然消退

5. 情境法

6. 罗森塔尔效应

三、简述题

1. 简述实践法的运用要求。

2. 简述教学游戏化的方法。

四、论述题

1. 试述评价法的使用方法及运用。

2. 试述语言法的内容及运用时的注意事项。

3. 试述评价法的理论基础强化理论。

五、案例分析题

1. 李老师在大班开展了"相亲相爱一家人"的系列活动。首先是谈谈"我和家人"，由幼儿介绍自己的家人，然后是回家收集自己和家人的合影照，第二天来园后在老师的指导下布置一个展板，将所有的照片用"爱心"圈起来；接下来，幼儿被要求讲述家人与自己相亲相爱的故事，并模拟家庭生活场景，表演家人对自己的关心；再接下来，老师请幼儿讲讲"自己准备如何爱家人"，并将自己的想法画下来；最后，老师对幼儿这种表达爱的想法做出肯定，鼓励他们做一个懂得感恩的好孩子。

问题：试分析案例中用到了哪些教育方法。

2. 张老师刚来的时候，发现多多在幼儿园不听老师的话。不管老师让他做什么或者不能做什么，他都不听。比如，叫他把小凳子摆成一排，要么他直接走开，自己玩自己的，要么把凳子弄得乱七八糟，还会因为抢座位或者玩具和别的小朋友打架，常常把别的孩子弄哭。在观察了一阵子后，老师发现每次家长送多多来幼儿园的时候，他都有点不开心。这并不是因为他不想上幼儿因，而是他对亲人的不舍。这说明他很在意他的亲人，所以老师根据他的这个特点，在他早上入园时就对他说："多多是一个乖宝宝，对不对？在家听爸爸妈妈、爷爷奶奶的话，在幼儿园听老师的话，是一个好宝宝，爸爸妈妈、爷爷奶奶和老师都爱你！"他听到这话时就会走进教室，自己玩自己的。虽然刚开始他还是有点调皮，每次老师对他说的话都管不了多久，但当他调皮的时候老师就问他："多多乖了没有？"他就会看着老师说："乖了。"老师就会鼓励他："好！要一直保持哦。"老师摸摸他的头并让他继续玩。时间久了，上课时他开始积极配合老师了，并主动站出来为大家唱自己会唱的儿歌。老师也会时常请他为大家唱歌或者配合老师完成一些教学活动，在他表现好的时候老师就会在班上表扬他，并给予他奖励。渐渐地，他没有以前那么调皮了，也很听老师的话，还时常帮助老师做一些事情。

问题：根据以上材料，分析案例中教师运用的教育方法，并说明运用这种方法的注意事项。

第六单元　幼儿园教育环境与资源
模拟试题

一、单项选择题（在每小题列出的四个备选项中只有一个是符合题目要求的，请将其代码填写在题后的括号内。错选、多选或未选均无分。）

1. 在幼儿园教育资源的分类中，受活动时间限制，在节假日才能获得利用的是（　　）。

    A. 园内教育资源

    B. 家庭教育资源

    C. 社区教育资源

    D. 人力资源

2. 在幼儿园教育资源的利用途径中，以各种教育资源为平台开办的活动包括（　　）。

    A. 主题系列活动、操作活动、考察活动

    B. 主题系列活动、领域活动、区域活动、一日生活活动

    C. 区域活动、一日生活活动、教学活动、游戏活动

    D. 一日生活活动、教学活动、考察活动

3. 在给幼儿园不同年龄班配置玩具时，应为小班幼儿配置种类少但数量多的玩具；为大班幼儿配置种类丰富多彩，且能满足他们创造欲望的低结构玩具。这体现了幼儿园环境创设的（　　）。

    A. 安全与健康原则　　　　　　　B. 发展适宜性原则

    C. 目标导向性原则　　　　　　　D. 丰富性原则

4. 将幼儿园教育资源分为园内教育资源、家庭教育资源和社区教育资源的分类标准是（　　）。

    A. 资源的分布范围

B. 资源的种类

C. 资源的性质

D. 资源的存在方式

5. 下列选项中属于园内教育资源的特点的是（　　　）。

A. 系统性、科学性、适用性、便捷性

B. 系统性、科学性、广泛性、便捷性

C. 多样性、丰富性、系统性、适用性

D. 可选择性、丰富性、科学性、多样性

6. 幼儿园室内物质环境包括（　　　）。

A. 活动室、寝室、卫生间、班级走廊、班级设备

B. 活动室、游戏场地、班级走廊、建筑小品

C. 寝室、卫生间、绿化、班级设备

D. 卫生间、绿化、游戏场地、班级走廊

7. 幼儿园人际关系的现代部分是（　　　）。

A. 师幼关系

B. 同伴关系

C. 教师间的同事关系

D. 教师与家长的关系

8. 幼儿园室外游戏场地的设计的主要方面是空间设计、器具设备和（　　　）。

A. 走廊

B. 沙水游戏区

C. 绿化

D. 附属设施

9. 良好师幼关系的特征是（　　　）。

A. 适宜性、科学性、民主性

B. 民主性、互动性、分享性

C. 科学性、趣味性、互动性

D. 趣味性、互动性、分享性

10. 环境创设要满足幼儿全面发展的需要，考虑到幼儿处于发展变化中，兴趣、需要会发生变化，还要考虑到幼儿间存在个体差异，提供的环境材料要充足、丰富、多样并及时更新，促进幼儿在体智德美诸方面全面和谐发展。这里体现的

环境创设原则是（　　　）。

    A. 目标导向性原则

    B. 发展适宜性原则

    C. 丰富性原则

    D. 开放性原则

11. 幼儿园班级内部的各种物资设备条件是指（　　　）。

    A. 精神环境

    B. 室内物质环境

    C. 室外物质环境

    D. 自然环境

12. 幼儿园内开展活动时，教师让孩子主动参与活动的场景布置中，让幼儿在与环境和材料的互动中获得知识并感知世界。这体现的幼儿园教育环境的教育作用方式是（　　　）。

    A. 积极性方式

    B. 隐性方式

    C. 系统性方式

    D. 显性方式

13. 考虑到幼儿经常进行跑跳等活动，所以幼儿园的户外场地是以泥土、沙地、草地为主。又因为幼儿年龄小，自我保护意识和能力较弱，幼儿园会对机械设备玩具、教具等进行定期检查维护和清洗。幼儿园教师要为幼儿创造一个宽松民主积极向上的教育环境。这里体现的环境创设原则是（　　　）。

    A. 安全与健康原则

    B. 发展适宜性原则

    C. 丰富性原则

    D. 开放性原则

14. 幼儿园的精神环境包括幼儿园的人际关系、文化和（　　　）。

    A. 园风   B. 活动材料

    C. 设施设备   D. 园区绿化

15. 环境对幼儿园教育及幼儿发展具有重要意义。下列选项中不是强调环境重要性的是（　　　）。

    A. 蓬生麻中，不扶自直

B. 近朱者赤，近墨者黑

C. 环境被形象地称为"第三位老师"

D. 一切知识都是从感官的感知开始

16. 促进幼儿身心全面发展的最基本保障是（　　）。

A. 自然环境　　　　　　　B. 充足的场地和设备

C. 物质环境　　　　　　　D. 心理环境

二、名词解释题

1. 幼儿园精神环境

2. 幼儿园物质环境

3. 幼儿园环境的隐性作用

4. 幼儿园教育环境

5. 幼儿园教育资源

6. 幼儿园物质环境创设

三、简述题

1. 简述在幼儿园教育中运用形象法的步骤及注意事项。

2. 简述建立良好师幼关系的做法。

3. 简述幼儿园教育环境对幼儿发展的作用。

四、论述题

试述幼儿园教育环境创设的原则。

五、案例分析题

某幼儿园在进行环境创设时，存在以下问题：①材料的选择比较单一，所用材质全是纸，几乎没有孩子收集的物品，利用废旧材料也少；②色彩不丰富、材质不丰富，给人很单调的感觉；③老师在设计环境时，比较重视作品的精致和漂亮，以达到装饰、美化教室的目的，几乎每个班级都千篇一律；④班级环境创设往往由老师一手包办，没有充分地利用家长和社会的资源来创设环境。

根据以上材料分析幼儿园环境创设应该遵循的原则。

第七单元 幼儿园教育活动模拟试题

一、单项选择题（在每小题列出的四个备选项中只有一个是符合题目要求的，请将其代码填写在题后的括号内。错选、多选或未选均无分。）

1. 下列选项中不符合幼儿游戏特点的是（　　）。

  A. 自主性　　　　　　　　　B. 愉悦性

  C. 创造性　　　　　　　　　D. 现实性

2. 因为幼儿具有好动、好奇、好玩、好游戏的特点，所以幼儿园教育活动应具有（　　）。

  A. 整合性　　　　　　　　　B. 游戏性

  C. 动态性　　　　　　　　　D. 多样性

3. 考虑到幼儿的身心发展规律，一般而言，小班幼儿的教学活动时间应为（　　）。

  A. 10 分钟　　　　　　　　　B. 15 分钟

  C. 20 分钟　　　　　　　　　D. 25 分钟

4. 在教幼儿认识水果时，让幼儿通过看一看、摸一摸、闻一闻、尝一尝的方式来学习，这体现的幼儿园教学活动的特点是（　　）。

  A. 实践性

  B. 直接经验性

  C. 生活性

  D. 现实性

5. 在幼儿教学活动中，评价活动设计有效性的关键是（　　）。

  A. 活动目标的确定

  B. 活动的准备

  C. 活动过程

D. 创设良好环境

6. 下列不属于幼儿园生活活动的特点的是（   ）。

    A. 基础性   B. 习惯性

    C. 独特性   D. 生活性

7. 下列幼儿园教育活动中，每个环节都有相对应的常规要求的活动是（   ）。

    A. 游戏活动

    B. 教学活动

    C. 生活活动

    D. 操作性活动

8. 下列对游戏、生活活动、操作活动描述正确的是（   ）。

    A. 生活活动是幼儿的自主活动，游戏活动和操作活动则不是

    B. 都属于专门性和正规性的教学活动

    C. 游戏重在观察指导，生活活动重在随机提出要求，操作活动重在环境创设

    D. 游戏中教师要多计划和干预，生活活动多要求与提醒，操作活动提供适宜材料

9. 与其他教育活动相比，幼儿园教学活动本身具有的特点是（   ）。

    A. 计划性、组织性、教师的指导性

    B. 整合性、愉悦性、多样性

    C. 生活性、间接经验性、趣味性

    D. 动态性、趣味性、整合性

10. 在幼儿园教育活动中幼儿具有充分的自由，自己决定游戏的进程与节奏。这里体现的幼儿游戏特点是（   ）。

    A. 象征性   B. 自主性

    C. 愉悦性   D. 适用性

11. 幼儿游戏就是觉得好玩而玩，无外在目的，其中体现幼儿游戏的特点是（   ）。

    A. 现实性   B. 象征性

    C. 趣味性   D. 非功利性

12. 幼儿园教育区别于家庭教育和社区教育的重要特征是（   ）。

A. 存在专门的游戏活动

B. 符合幼儿身心发展

C. 注重环境创设

D. 存在专门的教学活动

13. 教师在游戏前根据幼儿年龄特点准备一定数量的半成品材料，让幼儿根据自己的需要运用这些材料。这里体现的幼儿园游戏指导的要求是（　　）。

A. 丰富幼儿生活经验

B. 创设良好游戏环境

C. 观察幼儿游戏

D. 支持幼儿游戏

14. 下列幼儿园教育活动类型中，能够具体体现因材施教思想的是（　　）。

A. 集体教育活动

B. 小组教育活动

C. 主题教育活动

D. 个别教育活动

15. 幼儿自愿参加、以娱乐为主要目的，通过模仿和假想来反映社会现实生活的幼儿教育活动是（　　）。

A. 游戏　　　　　　　　　B. 教学

C. 生活　　　　　　　　　D. 实践

16. 按活动性质划分的教育活动类型中，适宜培养幼儿主体性的活动是（　　）。

A. 操作活动

B. 考察活动

C. 游戏活动

D. 日常生活活动

17. 下列关于集体教育弊端的叙述正确的是（　　）。

A. 顾全大局

B. 很难保证活动的效率

C. 很难保证发展目标的实现

D. 面向全体

18. 下列教育活动类型中，活动对象关联程度最低的是（　　）。

A. 领域教育活动

B. 主题教育活动

C. 区域教育活动

D. 艺术教育活动

19. 按活动性质划分的教育活动类型中，更多强调教师的作用和教学结果的是（   ）。

A. 教学活动   B. 一日生活活动

C. 语言活动   D. 小组活动

20. 幼儿园教育活动的特点是整合性、多样性和（   ）。

A. 动态性、游戏性

B. 游戏性、生活性

C. 趣味性、活动性

D. 动态性、创造性

21. 幼儿园教育活动能够促进幼儿认知、情感和态度、动作和技能等各方面的发展，体现的教育活动的特点是（   ）。

A. 动态性   B. 整合性

C. 非功利性   D. 趣味性

22. 考虑到幼儿的身心发展规律，一般而言，中班幼儿的教学活动时间应为（   ）。

A. 10 分钟   B. 15 分钟

C. 20 分钟   D. 25 分钟

二、名词解释题

1. 幼儿园教育活动

2. 幼儿游戏

3. 幼儿园教学活动

4. 操作活动

5. 自由活动

三、简述题

1. 简述幼儿园游戏的积极意义。

2. 简述幼儿园教学活动过程的组织需要注意的问题。

3. 简述幼儿园教育活动的基本类型。

4. 简述社区幼儿教育的意义。

四、论述题

1. 试述幼儿园教学活动的整合性。

2. 试述幼儿园游戏活动、教学活动和生活活动的设计与指导的区别。

第八单元 幼儿园教育的合作与衔接
模拟试题

一、单项选择题（在每小题列出的四个备选项中只有一个是符合题目要求的，请将其代码填写在题后的括号内。错选、多选或未选均无分。）

1. 幼儿社会化教育的第一场所是（　　）。

    A. 家庭   B. 幼儿园

    C. 学校   D. 社区

2. 对幼儿身体正常发育和健康提供必需的衣、食、住、行等方面的保障条件，还要为幼儿的成长营造一个安全的心理港湾，起到保护的作用，体现的教育是（　　）。

    A. 幼儿园教育   B. 小学教育

    C. 家庭教育   D. 社区教育

3. 下列选项中能够反映幼儿家庭教育可能使教育起到自然、默契效果的特点是（　　）。

    A. 情感联系性   B. 率先性

    C. 个别性   D. 灵活性

4. 一些幼儿园在开展幼小衔接工作时，就一切都以小学的标准来执行：课桌椅按小学的方式摆放，作息时间改成与小学接近，忽视儿童有意注意的持久性、适应能力、自制力等方面的深层次衔接。可见我国幼小衔接存在的问题是（　　）。

    A. 衔接的片面性   B. 衔接的单向性

    C. 衔接的超前性   D. 衔接的形式性

5. 我国幼小衔接存在的主要问题不包括（　　）。

    A. 衔接的片面性   B. 衔接的双向性

    C. 衔接的超前性   D. 衔接的形式性

6. 为解决幼小衔接工作中出现的问题，我国政府应采取措施提供的支持是（　　）。

  A. 颁布法令政策予以保障　　　　B. 为幼儿做好入学准备

  C. 实行教师证准入制度　　　　　D. 重视提高儿童的身体素质

7. 德国新学前班的特点不包括（　　）。

  A. 减少延迟入学的人数　　　　　B. 混龄教学

  C. 时间灵活　　　　　　　　　　D. 按年龄编班

8. 下列不属于社区幼儿教育的特点的是（　　）。

  A. 地域性　　　　　　　　　　　B. 整合性

  C. 形式多样性　　　　　　　　　D. 计划性

9. 幼儿园和社区教育合作的方式是（　　）。

  A. 请进来，走出去　　　　　　　B. 创设环境，设计活动

  C. 主动邀请，坐等"上门"　　　　D. 走出去，不等"上门"

10. 下列关于家庭教育的叙述错误的是（　　）。

  A. 家庭教育是学校教育与社会教育的基础

  B. 广义的家庭教育是指家庭成员之间相互实施的一种教育

  C. 狭义的家庭教育是指家长对子女实施的教育影响

  D. 家庭教育比机构教育开始得晚

11. 根据哈克教授的研究，处于幼儿园和小学衔接阶段的儿童面临的断层不包括（　　）。

  A. 师幼关系断层　　　　　　　　B. 心理环境断层

  C. 学习环境断层　　　　　　　　D. 行为规范断层

12. 幼儿园在开展幼小衔接工作时注重知识衔接，忽视学习兴趣、学习能力、学习习惯的衔接。这说明我国幼小衔接存在的问题是（　　）。

  A. 单向性　　　　　　　　　　　B. 形式性

  C. 片面性　　　　　　　　　　　D. 双向性

13. 下列不属于幼儿家庭教育的特点的是（　　）。

  A. 权威性　　　　　　　　　　　B. 灵活性

  C. 个别性　　　　　　　　　　　D. 情感联系性

14. 幼儿园与社区的教育合作除了对幼儿发展、幼儿园发展有重要意义外，还有益于（　　）。

A. 社区建设   B. 幼儿健康

C. 家庭自身   D. 幼儿园教师

15. 为幼儿园开展与社区的合作提供了法理依据和行动方向的规定是（   ）。

     A.《幼儿园工作规程》

     B.《幼儿园管理条例》

     C.《幼儿园教师管理条例》

     D.《幼儿园教育指导纲要（试行)》

16. 社区人力资源是社区课程资源的重要组成部分，他们是具有专业技术和专业知识的人士。下列不属于这部分人群的是（   ）。

     A. 幼儿园教师   B. 社区居民

     C. 军人、警察   D. 离退休干部

17. 幼儿园与家庭教育合作的途径不包括（   ）。

     A. 家长委员会   B. 社区活动

     C. 开放日活动   D. 幼儿成长档案

18. 在家园教育合作中应注意的问题不包括（   ）。

     A. 忽视家长诉求

     B. 完全以家长为中心

     C. 合作中出现脱节

     D. 将合作看成额外负担

19. 具有鲜明地域性的教育是（   ）。

     A. 幼儿家庭教育

     B. 幼儿园教有

     C. 社区幼儿教育

     D. 幼儿社会教育

20. "遇物则诲，相机而教"体现的幼儿家庭教育特点是（   ）。

     A. 率先性   B. 选择性

     C. 个别性   D. 灵活性

21. 下列描述属于幼儿家庭教育可能带来的弊端的是（   ）。

     A. 随性而为   B. 因材施教

     C. 顾全大局   D. 个别教育

22. 下列选项中，不是幼儿园与幼儿家庭教育合作内容的是（   ）。

A. 幼儿园尊重家长，获取家长信任

B. 家长参与幼儿园管理

C. 家长参与幼儿园教育活动

D. 幼儿园培养家长重视应试教育的观念

23. 幼儿教育"共同体"的中心是（　　）。

A. 幼儿园教育　　　　　　　　B. 家庭教育

C. 社区教育　　　　　　　　　D. 幼小衔接

二、名词解释题

1. 幼儿家庭教育

2. 幼儿园与家庭的教育合作

3. 入学准备

4. 幼小衔接

5. 社区幼儿教育

三、简述题

1. 简述幼小衔接的意义。

2. 简述幼儿园与社区教育合作的途径。

3. 简述幼儿家庭教育的特点及作用。

4. 简述家园合作的积极作用。

5. 简述幼儿园与社区教育合作的内容。

四、论述题

1. 试述幼儿园在与家庭教育、社区教育合作中以及幼小衔接中应有的态度。

2. 试述我国目前幼小衔接中存在的问题及应当采取的措施。

3. 试述幼儿家庭教育合作的内容及途径。

单元模拟试题参考答案

第一单元 幼儿园教育概述模拟试题

一、单项选择题（在每小题列出的四个备选项中只有一个是符合题目要求的，请将其代码填写在题后的括号内。错选、多选或未选均无分。）

1. C	2. D	3. A	4. B	5. D	6. B	7. C
8. B	9. B	10. B	11. C	12. A	13. B	14. C
15. A	16. B	17. D	18. B	19. D	20. B	21. C
22. B						

二、名词解释题

1. 幼儿园教育，属于学校教育体系，是基础教育的重要组成部分。幼儿园教育是指由幼儿园承担的、由专职幼教工作者根据社会的要求，对在园幼儿实施的有目的、有计划、有组织的，以促进其身心全面发展的社会活动。

2. 恩物，是指福禄贝尔在以前教育研究成果的基础上创制的一套用于幼儿教育游戏的玩具。幼儿通过其来认识物体形象，学习世界的法则，发展自己的感官和其他本能。

3. 关键期，指的是人在某一特定的年龄阶段，某种知识经验的学习或行为的形成比较容易，而错过了这一时期再弥补是很困难的，甚至是不可能的。

三、简述题

1. 答：（1）辐射作用，即幼儿园教育向各种形式的幼儿教育发挥指导、示范的作用，带动幼儿家庭教育和非正规幼儿机构教育的发展。

（2）促进各种幼儿教育形式相互沟通，形成教育合力。

2. 答：（1）对幼儿发展的作用：促进幼儿德、智、体、美全面发展；为幼儿进入小学教育和终身教育做好准备。

（2）对社会发展的作用：为未来社会培养人才；减轻父母教养幼儿的负担；为社会稳定提供支持。

（3）对幼儿教育事业发展的作用：在整个幼教系统中起主导作用，向各种形式幼儿教育发挥辐射、指导、示范作用；促进各种幼儿教育形式相互沟通，形成教育合力。

3. 答：（1）幼儿园教育是专门为3~6岁的幼儿提供的教育，有自己的教育内容、教育方法、组织和管理方式。

（2）幼儿园教育具有基础性、启蒙性和公益性的性质。

4. 答：福禄贝尔幼儿园是世界上第一个真正意义上的幼儿教育机构。其创举有：

（1）有供幼儿观察的花草树木，供幼儿玩的沙土，还有种植园地。

（2）首次为幼儿提供了与他们身高相匹配的桌椅。

（3）幼儿通过特制的玩具——"恩物"来认识物体形象，学习世界的法则，发展自己的感官和其他本能。

（4）游戏是在园幼儿的主要活动，有集体性的运动游戏、集体性的恩物游戏，还开展种植栽培活动等。

5. 答：（1）清朝末年，我国第一所幼儿园的诞生和蒙养院制度的建立，标志着我国幼儿园教育真正开始实施。

（2）五四运动之后，我国幼儿园教育体系逐步形成。

（3）新中国成立初期至改革开放前，我国幼儿园教育的发展经历了改革时期、盲目发展与调整时期、遭到全面破坏与恢复时期。

（4）改革开放以来，我国幼儿园教育逐渐普及，教育水平得以提高，出现了良好的发展势头。

四、论述题

答：（1）幼儿教育体系是由幼儿机构教育、幼儿家庭教育、幼儿社区教育等多方组成，而幼儿园作为幼儿教育机构的主要成分，是幼儿教育的主要承担者，处于核心地位。

（2）在很长一段历史时期内，幼儿教育主要由家庭来承担，家庭教育几乎是幼儿教育的全部。幼儿园出现之后，幼儿园教育以其制度规定性和专业性，有计划、有组织地对幼儿施加影响，逐渐成为幼儿教育的"主力军"，在幼儿教育中开始取代家庭教育的地位，开始扮演更多的角色，承担更多的责任。

（3）到了现代，有更多的社会组织机构和群体力量纷纷加入幼儿教育的队伍中来，但这些幼儿教育形式不能离开幼儿园教育的科学示范和正确引导，幼儿园教育的核心地位也越来越突出。

第二单元　幼儿园教育的基础观念模拟试题

一、单项选择题（在每小题列出的四个备选项中只有一个是符合题目要求的，请将其代码填写在题后的括号内。错选、多选或未选均无分。）

1. C　　2. A　　3. C　　4. D　　5. B　　6. B　　7. A
8. B　　9. D　　10. B　　11. D　　12. D　　13. D　　14. B
15. B　　16. D　　17. C　　18. A　　19. C　　20. C

二、名词解释题

1. 完整儿童，首先是指个体的完整，即儿童是作为一个身心不可分离的有机整体而存在的；其次是指儿童发展的完整。儿童发展是指在儿童成长过程中生理和心理方面有规律进行的量变与质变的过程，儿童发展的各个方面缺一不可。

2. 幼儿教师观，是指关于幼儿教育机构中的教师的观念，包括幼儿教师应承担的角色、幼儿教师具备的专业素质等。

3. 最近发展区，是指儿童已有的发展水平和即将达到的发展水平之间的距离。

4. 内部活动，包括生理活动和心理活动。生理活动是指满足生命个体生存与运动需要的活动。心理活动是为满足探究、表现自身及客观世界的需要和建构自身内部世界的需要的活动，是幼儿神经系统的机能性反应活动。

5. 敏感期，是指处于适当环境之中的儿童，可以在无意识中悠然自得地掌握某种能力的时期。

6. 吸收性心智，是指儿童通过与周围环境的密切接触和感情联系，获得各种印象，吸收文化传统，并在此基础上形成自己的个性和行为模式。

7. 维持，是指儿童某些认知能力能够自然地完全发展，教育和经验的作用只是使儿童维持现有能力水平。

8. 外部活动，是指具有外显行为的幼儿实践活动，即幼儿与周围环境直接作用的活动。

9. 原罪说，在中世纪流传，认为儿童不是父母的私有财产，而是上帝恩赐而来的，儿童被看作依附于上帝的，是"有罪的羔羊"，生来就带有"原罪"，必须尽早禁欲和信奉上帝以求得"宽恕"，即所谓的"赎罪"。

10. 诱导，是指后天教育经验的存在与否直接决定了儿童某种能力的发生与否，环境和教育对儿童的这种能力的发展有重大的决定性作用。

三、简述题

1. 答：（1）教育应促进每个幼儿在原有水平上发展。

（2）幼儿教育是个整体，应发挥整体功能。

（3）活动是幼儿园"教"与"学"的共同基础。

（4）环境是幼儿园教育的基本条件，同样具有教育的功能。

（5）幼儿园以游戏为基本活动。

2. 答：（1）儿童是稚嫩的个体。

（2）儿童是独立的个体，享有基本权利。

（3）儿童是完整的个体。

（4）儿童是独特的个体，与成人不同。

（5）儿童是能动的个体，具有学习和发展的主动性。

3. 答：（1）认为儿童不是罪恶的，而是甜蜜、天真、纯洁的。

（2）要求尊重儿童。

（3）反对将儿童看成"小大人"，反对用对待成人的方式对待儿童。

（4）认为儿童一出生就具有一切道德的、理智的、身体的能力萌芽。

（5）认为儿童是学习的主体。

4. 答：应具备以下专业能力：

（1）观察与了解幼儿的能力。

（2）环境创设的能力。

（3）教育活动的设计与指导能力。

（4）沟通与合作的能力。

（5）自我发展的能力。

5. 答：（1）由幼儿身心发展规律及特点所决定。

（2）是人们对幼儿教育历史经验认识并总结的结果。

（3）源自幼儿教育相关政策法规中的规定。

6. 答：（1）主动抉择：幼儿在活动中能根据自己的要求、爱好，对活动做出选择和决定。这既是幼儿能力，更是幼儿的一项权利。

（2）主动创造：幼儿在外界相互作用时，能主动对原有事物进行更新。这种更新不是完全意义上的更新，只是相对于幼儿原有的认知而言。幼儿的这种创新可能没有社会价值，但却是真正创新的萌芽。

四、论述题

1. 答：（1）幼儿的发展是一个整体。

①幼儿教育的整体性是由幼儿发展的整体性决定的。幼儿发展的整体性是指作为完整个体的幼儿的各方面发展的联系性、协调性和统一性。

②幼儿的身与心、智力与非智力的发展是紧密相关、协调统一的，要将幼儿保育和教育、智力与非智力因素的培养结合起来，使之相互促进。

（2）幼儿教育是一个整体系统。

①从宏观层面讲，幼儿教育是由幼儿园教育、幼儿家庭教育、社区幼儿教育组成的完整的系统。

②从中观层面看，幼儿教育的制度、环境、资源、幼儿特点、教育者的素质、管理与评价方式等也构成一个系统。

③从微观层面看，幼儿教育活动的目标、内容、方法、形式、手段等要素之间也是相互联系、相互制约的，共同构成一个整体。

2. 答：（1）教育者必须充分了解幼儿现有的发展水平。幼儿身心发展规律是教育的重要依据。教育者必须充分地了解幼儿的学习特点、年龄特点和个性特点，在此基础上采取有针对性的教育措施。

（2）为每个幼儿设置"最近发展区"。"最近发展区"的意思是儿童已有的发展水平和即将达到的发展水平之间的距离。教育应帮助儿童从已有的发展水平上升到"适宜"的新的发展水平，即跨过"最近发展区"。因此，幼儿园教育设置的目标和内容不能简单，也不能太难，要刚好覆盖幼儿的"最近发展区"。

（3）对幼儿实施差异教育。每个幼儿的发展水平是不相同的，因此，幼儿园教育不能"整齐划一",其目标、内容、方法都应根据幼儿的发展水平不同而有所不同,这样才能促进每个幼儿富有个性地发展。

五、案例分析题

答:(1)①从儿童观看,首先是教育者要认识到儿童是稚嫩的个体,需要呵护和尊重,只可给予儿童适宜的引导和指导,不能拔苗助长,急于求成。其次是不能将儿童看作"小大人",不能直接拿适合成人的教育内容和方法去指导儿童。最后是要认识到儿童是能动的个体,具有学习和发展的主动性。

②材料中幼儿教师认为萌萌画的"妈妈"和现实的不同,就要求萌萌重新画,将自己的意愿强加给萌萌。这种做法是不符合幼儿教育者的儿童观的。教师应该在教学活动中发挥自己的指导和引导作用,充分调动幼儿学习和发展的主动性和积极性,而不是主宰幼儿的活动。

(2)①幼儿教育者应具备的儿童观:第一,儿童是稚嫩的个体。第二,儿童是独立的个体,享有生存权、发展权、受保护权、参与权等基本权利。第三,儿童是完整的个体。第四,儿童是独特的个体,与成人不同。第五,儿童是能动的个体,具有学习和发展的主动性。

②幼儿教师观包括幼儿教师应承担的角色、应具备的专业素质等。第一,改变幼儿教师的角色,由知识的传授者、幼儿的管理者、控制者等角色转变为幼儿学习活动的支持者、合作者和引导者。第二,幼儿园教师要具备专业理念与师德、专业知识和专业能力三方面的专业素质,做一个合格的幼儿园教师。

第三单元 幼儿园教育的目标及内容模拟试题

一、单项选择题(在每小题列出的四个备选项中只有一个是符合题目要求的,请将其代码填写在题后的括号内。错选、多选或未选均无分。)

1. A	2. C	3. A	4. A	5. C	6. B	7. B
8. A	9. B	10. D	11. C	12. D	13. B	14. A
15. B	16. D	17. C	18. C	19. D	20. A	21. A
22. D	23. D	24. D	25. A	26. A	27. B	

二、名词解释题

1. 教育目的，是指在进行教育之前，在人们头脑中预先存在着的教育所要取得的结果，它是人们在观念上、思想上对教育结果的总的预设。

2. 幼儿园教育活动目标，是幼儿园教育目标体系中最末端的目标，是幼儿园教师对某一个教育活动的结果预期，从时间上看是幼儿园教育目标体系中最接近实际过程的，是一种即时性的目标，必须具体、明确，有较强的操作性。

3. 过程性内容，是指幼儿园教育活动类型，是教师的"教"和幼儿的"学"共存的时空形式，如观察、讲述、表现等。

4. 幼儿园教育目标，是以教育目的、教育方针规定及幼儿教育目标等为宗旨，以把幼儿培养成什么样的人才为依据，针对幼儿园机构的特点及其教育实际情况而制定出来的目标。它与其他幼儿教育形式的目标共同组成幼儿教育目标。

5. 教育目标，又称培养目标，是各层次各类型学校对受教育者身心发展所提出的具体标准和要求，也是对教育所要培养人的质量规格的具体化。

三、简述题

1. 答：（1）幼儿身心发展规律、特点及需要。

（2）社会发展的需要。

（3）我国的教育目的。

2. 答：（1）根据教育内容的形态可分为过程性内容和对象性内容。

（2）根据目标分类有四种划分：幼儿德、智、体、美等方面教育内容；幼儿园健康、语言、科学、社会、艺术五大领域的教育内容；幼儿年龄阶段教育内容；幼儿园教育活动内容。

（3）根据幼儿发展的方面可分为身体、认知、情感、动作技能和社会性发展五方面内容。

四、论述题

答：（1）教育目的是制定各层次各类型学校具体教育目标、确定教育内容、选择教育方法、选择教学组织形式、评价教育效果的依据，贯穿于整个教育活动过程的始终。

（2）教育目标是教育目的在各层次各类型学校教育中的具体表现，是学校其他目标制定的重要依据之一。

（3）幼儿教育目标是教育目标的具体化，是教育目的的具体体现。

（4）幼儿同教育目标是幼儿教育目标的进一步的具体化。它与其他幼儿教育形式的目标共同组成幼儿教育目标。

（5）四者关系可概括为一般与特殊、抽象与具体的关系。教育目的包含教育目标、幼儿教育目标、幼儿园教育目标。教育目标包含幼儿教育目标、幼儿园教育目标。幼儿教育目标包含幼儿园教育目标。

五、案例分析题

答：（1）材料中所设置的幼儿园教育内容不科学也不合理。幼儿园教育是专门为 3~6 岁的幼儿提供的教育，有其自身的性质。

①幼儿园教育是基础性的教育，在整个学制体系中居基础地位，是整个学制体系的基石，为幼儿长大后往更高层学习做准备。幼儿园是幼儿踏入学校教育的第一站。

②幼儿园教育的对象正处于人生发展的初始阶段。幼儿期作为人毕生发展的奠基阶段，是一个关键时期，许多诸如语言表达、基本动作等基本能力都是在这个时期形成的。幼儿学的东西越是基础，越能够对幼儿今后的发展产生重要影响。

③幼儿园教育的基础性直接决定了幼儿园教育内容的基础性。幼儿园教育在制定教育目标、选择教育内容和方法时，是以幼儿身心发展的水平为依据，主要是教给幼儿一些基础性的知识，培养幼儿良好的行为习惯，帮助幼儿建立健全的人格。这才是真正的"打基础"。

④材料中突出体现了幼儿园教育小学化的现象。过早地教幼儿"读""写""算"，将小学的内容提前到幼儿园来，完全遗忘了幼儿园教育的基础性质，实属"捡了芝麻，丢了西瓜"，是需要坚决抵制的。

（2）幼儿园教育内容的选择应该遵循基础性原则、启蒙性原则、适宜发展性原则、生活性原则、趣味性原则和综合性原则。

第四单元　幼儿园教育的基本原则模拟试题

一、单项选择题（在每小题列出的四个备选项中只有一个是符合题目要求的，请将其代码填写在题后的括号内。错选、多选或未选均无分。）

1. A	2. A	3. A	4. D	5. D	6. B	7. D
8. A	9. B	10. C	11. D	12. B	13. D	14. A
15. C	16. C	17. C	18. D	19. A	20. D	21. C
22. D	23. C	24. D	25. D	26. A	27. A	

二、名词解释题

1. 寓教育于幼儿一日生活之中，是指幼儿园对幼儿的教育要渗透到幼儿在园的一日活动之中，而不靠单一组织的专门教学。这是幼儿园教育的特殊原则之一，表明幼儿园教育时空的广泛性和途径的多样性，以及幼儿园教育方式的科学性。

2. 保教结合，是指既保养幼儿使之正常发育，健康成长，又在知识、智力、品德上进行必要的训练与教育。

3. 活动性原则，是指幼儿不能主要通过课堂书本知识的学习来获得发展，幼儿园教育必须以活动为主导，在活动中让幼儿积极地与环境相互作用，去感知、探索、发现、思考来获取各种丰富的经验。

4. 幼儿园教育原则，是根据幼儿身心发展规律和幼儿教育性质制定出来的，同时也是由幼儿教育实践经验总结而来的，是今后幼儿园教育工作者的行动依据。

5. 协调发展，是指在一个有机整体内，幼儿发展的各方面在作用方向及步调上保持一致。

四、简述题

1. 答：（1）幼儿身体的各个器官、各个系统机能的协调发展。

（2）幼儿各种心理机能，包括认知、情感、性格、社会性等协调发展。

（3）幼儿生理与心理的协调发展。

（4）幼儿个体需要与社会需求之间的协调等。

2. 答：（1）贯彻保教结合原则的具体要求有：适应幼儿的特点，在日常生活中落实保教结合；在教学活动中推行保教结合；在游戏中做好保教结合。

（2）贯彻保教结合原则须避免两个问题：一是保教分离，二是重"教"轻"保"。

3. 答：（1）教师要有教无类，吸纳每一个幼儿的参与。

（2）幼儿园教育教学内容要有选择性和针对性。

（3）将多种组织形式进行整合促进儿童的发展。

4. 答：完整的保育，须包括身体、心理、社会三个方面。

（1）身体方面即保护幼儿的身体，包括预防疾病，加强营养和锻炼，使幼儿有健康的体魄。

（2）心理方面是指培养幼儿良好的情绪，注重其积极的情感培育，保护幼儿的自尊心、自信心、好奇心，培养其勇敢、诚实等良好的心理品质。

（3）社会方面是指培养幼儿探索环境、适应社会的能力，同时还要培养幼儿良好的交往能力，使幼儿不仅有与他人交往的勇气，还学会与他人交往的技巧。

四、论述题

1. 答：（1）以平等的身份参与幼儿的活动，学会倾听幼儿。教师应该站在和幼儿同一水平的位置上去看待幼儿的世界，去了解幼儿自然真实的想法，而不是想当然地从成人的角度、按照成人的标准去审视、评判幼儿。

（2）呵护幼儿的身心健康。幼儿园教育要做到教育与保育相结合，承担起尊重和保护幼儿的职责。

（3）及时发现幼儿的兴趣，捕捉教育契机。教师要细心观察，尊重幼儿身心发展特点，敏锐抓住教育时机，让幼儿自主交流、相互学习。

（4）理解、欣赏幼儿，做幼儿自主活动的鼓励者、支持者、帮助者。对于幼儿的活动结果，教师应以开放的心态，欣赏、鼓励并支持他们的学习，不宜用僵化的标准去衡量，

（5）不滥用教师权威，不以教师为中心。命令、权威式言词或行动会伤害幼儿心灵，要慎用。教师要努力创造民主、平等的教学氛围，促进幼儿的最大发展。

2. 答："保"和"教"是幼儿园教育整体的两个方面，这两个方面是相互渗透并有机结合在一起的。

（1）促进儿童身心健康是"保"的任务，也是"教"的任务，保育工作与教学工作在这里是交叉的。

（2）保养幼儿的工作不是简单的生活照顾，而是对幼儿进行行为辅导和习惯培养，引导幼儿建立健全的人格。

（3）教育教学不是对幼儿进行单纯的知识与技能的训练，而是培养全面的素质。其中包括心理素质，如积极的情感态度，而这必须依赖教师对幼儿心灵的呵护和个性的尊重。

（4）所以，幼儿园的教育"保"中有"教"，"教"中有"保"，保教一体化。

3. 答：（1）教育目标制定和内容选择应有全面性和完整性。

①目标的全面性。教育者制定目标时应考虑儿童的发展是一个整体，使教育活动目标要指向幼儿的全面发展。

②内容的完整性。目标决定内容的选择，幼儿园必须完整地选择活动内容。不仅要选择涵盖幼儿身体、认知、个性、情感、社会性等方面发展的活动内容，而且还要把相对分散的活动内容整合成一个包摄性广的活动内容。

（2）教育活动组织与实施要有综合性和整体性。

①教育者要关注幼儿身心健康与安全。要促进幼儿的全面发展，就应该关注到身体和心理的安全与健康。

②在教育活动中突出幼儿学习经验的完整性。这要求教师在教育中注重活动内容与学习过程相结合、行为发展和认知学习相结合等。

③在关注智力方面发展的同时重视情感、兴趣、社会性等非智力方面的发展。

④注意在真实的生活情境中开展活动。

五、案例分析题

答：（1）尊重和保护儿童的原则要求教师把儿童当作教育的主体，尊重其主体权力与地位，消除教育活动过程中可能对儿童身心产生伤害的各种隐患，促进儿童健康持续的发展。幼儿园内的"虐童"现象，明显违背了幼儿园教育的这一原则。

（2）尊重幼儿就是要尊重幼儿的生命、人格、权利、身心发展特点和个性差异、学习特点。教育者应该站在幼儿的角度去看待其世界，不得对幼儿实施侮辱其人格的行为。幼儿园教育应该以人为本，尊重幼儿的特点和差异，促进幼儿的发展。保护幼儿主要是保护幼儿的健康和安全、自尊心和自信心、好奇心和求知欲、想象力和创造力等。

（3）在教育中，不能滥用教师权威和以教师为中心，教师应尊重并保护幼儿的人格、尊严和权利不受侵犯；不得任意处罚、虐待和歧视幼儿。

（4）教师应以平等的身份参与幼儿的活动，学会倾听幼儿，幼儿的身心健康，及时发现幼儿的兴趣，捕捉教育契机，做幼儿自主活动的鼓励者、支持者、帮助者。

第五单元　幼儿园教育的基本方法模拟试题

一、单项选择题（在每小题列出的四个备选项中只有一个是符合题目要求的，请将其代码填写在题后的括号内。错选、多选或未选均无分。）

1. C	2. D	3. C	4. B	5. C	6. A	7. A
8. A	9. B	10. A	11. A	12. D	13. C	14. B
15. C	16. A	17. D	18. A	19. D	20. D	21. A
22. B	23. A	24. C	25. D	26. D	27. A	28. B

二、名词解释题

1. 积极期望是应用"罗森塔尔效应"而建立的幼儿园教育方法，是将看起来很不好的行为往好的方面引导，给幼儿积极的心理暗示，使幼儿轻松地学习。

2. 语言法是以语言为媒介进行教与学以帮助幼儿掌握教育内容的一种方法。它需要教师运用自己的语言技巧，充分发挥语言信息的传输作用和人际沟通作用，以达到教育目标。语言法不是单一的方法，而是一大类方法，包括口语、谈话、讲解、提问等多种方法小类。

3. 实践法，又称活动法，是指幼儿园提供各种材料，让幼儿通过自己练习、操作、发现、感受，以获得知识或经验，养成行为习惯的方法。因具体应用情形不同可分为操作法、行为练习法、实验法、参观法等。

4. 自然消退，又称衰减，它是指对某种行为在一定时间内不予强化，此行为将自然下降并逐渐消退。

5. 情境法是情境教学法的简称，是指在教学过程中，教师充分利用图片、音乐、语言、动作等形象，创设某种典型的场景或营造某种氛围，将学习者引入其中，使他们产生一定的内心感受和情绪体验，从而帮助他们理解教学内容，使他们的身心得到发展的一种教学方法。

6. 罗森塔尔效应，源于美国著名心理学家罗森塔尔所做的实验，实验证明教师的积极期望是促使学生产生自信，进而获得良好学习效果的方法，但消极的期望则会产生不良的学习效果，甚至使本来成绩不错的学生变为差生。

三、简述题

1. 答：（1）在一日生活中落实行为要求。

（2）开展探究活动，丰富幼儿的实践经验。

（3）建立必要的幼儿当值制度，并长期坚持。

2. 答：（1）教学前：课堂开始前几分钟，老师组织一个小游戏作为教学的导入环节。

（2）教学中：创造游戏情境，使教学游戏化。

（3）教学后：在课堂接近尾声时，也可以组织一个游戏，使课堂在愉悦的氛围中结束。

四、论述题

1. 答：（1）评价法是教师通过语言、物质手段等表达对幼儿的看法的教育方法。评价法包含批评法与惩罚法、激励法两类。评价法的理论基础是强化理论和罗森塔尔效应。

（2）批评是教师对幼儿的不良行为或习惯表示不满，通过提醒、劝告等方式让幼儿知道什么地方做得不对。惩罚是通过剥夺幼儿的某项权利、愿望等方式，对幼儿的不良行为习惯进行强烈的"负强化"。使用批评与惩罚的方法要有一定的限制，并且采用时要结合示范、换位思考、角色扮演等方法进行，给予幼儿正确的引导。

（3）激励法一般通过表扬、鼓励与奖励的手段实现对幼儿表现的肯定。表扬通常是针对结果和成效的，鼓励是针对过程和态度的，奖励重点指向来自教师的针对幼儿行为表现的"产品"。运用表扬、鼓励和奖励时要注意：一是表扬时机要适当，要具体，不能笼统；二是奖励要适度，控制次数，要做到精神奖励和物质奖励相结合；三是多鼓励幼儿，鼓励的方式也要多元化，教师的鼓励要发自内心。

（4）积极期望是应用"罗森塔尔效应"而建立的方法。在教学中运用积极期望时要从积极方面去引导，注意语气语调，并同表扬、鼓励相互结合。

2. 答：语言法包括教师口语、谈话法、讲解法、提问法、故事法、猜谜法和讨论法等。

（1）教师口语。由于幼儿基本不识字或认识字很少，所以幼儿园教学中，教师使用口语较多，这是幼儿期独有的发展特点决定的。因此教师使用口语要规范。

（2）谈话法。谈话法是教师根据一定的主题，提出问题，引导幼儿积极思考并做出回答的教学方法。一般有日常生活谈话和个别谈话两种形式。谈话的题目应该是幼儿感兴趣的话题，所涉及的内容范围应该是幼儿知识经验范围之内的。

（3）讲解法。讲解法是教师通过口语向幼儿陈述或解释某事物的一种方法，一般与多种教学方法结合才能发挥作用。使用讲解法时，要与幼儿的可接受性相适应，要考虑幼儿现有的发展水平，并且语言要清晰明确、生动形象、突出重点。

（4）提问法。提问法是教师通过设置问题情境激发幼儿学习兴趣、引导幼儿思考并寻找答案的过程。根据不同的情况，采用不同的提问方法。运用语言法时，要创设积极的语用环境，正确运用语言技能，并且要注意与其他方法的有机结合。

3. 答：（1）强化理论又称行为矫正理论，强化是指对一种行为的肯定或否定的后果，会在一定程度上决定该行为是否重复。

（2）强化分为正强化、负强化和自然消退三种类型。

①正强化，又称积极强化，指当人们采取某种行为时，能从他人那里得到某种令其感到愉快的结果，这种结果反过来又成为推进人们趋向或重复此种行为的力量。

②负强化，又称消极强化，是指通过某种不符合要求的行为所引起的不愉快的后果，对该行为予以否定，其中惩罚就是负强化的一种典型方式。

③自然消退，又称衰减，是指对某种行为在一定时间内不予强化，此行为将自然下降并逐渐消退。从本质上讲，自然消退或衰减也是负强化的一种。

（3）这三种类型的强化相互联系、相互补充，构成了行为强化的体系，并成为一种制约或影响学生课堂行为的特殊环境因素，可以起到对学生课堂行为予以导向、规范、修正、限制和改造的目的。

五、案例分析题

1. 答：此案例中教师用到了语言法、情境法和评价法。

（1）因为幼儿一般都会对自己的家人比较熟悉，所以在这次以家人为主题开展的活动中，老师就先让幼儿介绍自己的一家人。这是语言法中谈话法的运用。

（2）为了更好地开展"相亲相爱一家人"的系列活动，老师让幼儿回家后收集自己和家人的照片，并在第二天在老师的指导下将所有的照片用"爱心"圈起来。这是情境法的运用，为下面让幼儿表演家人对自己的关心创设情境。

（3）接下来老师又运用提问的方法，让幼儿讲讲自己"准备如何爱家人"。这是语言法中提问法的运用。

（4）老师对幼儿的表达爱的想法做出肯定，鼓励他们做一个懂得感恩的好孩子。这是评价法的运用。

2. 答：（1）此案例中老师很好地运用了积极期望的方法。

①老师说："多多是一个乖宝宝，对不对？在家听爸爸妈妈、爷爷奶奶的话，在幼儿园听老师的话，是一个好宝宝。"这是教师对多多的积极期望。

②老师在运用积极期望的同时还结合鼓励的方法。当回答老师的"多多乖了没有"的问题时，多多说，"乖了"。老师回应："好！要一直保持哦。"这是鼓励。老师这样做是激励幼儿做个"乖宝宝"，帮助幼儿逐渐建立起入园适应行为模式来。

（2）运用积极期望的注意事项是：

①要从积极方面去引导，这一点至关重要。

②注意语气语调。教师的语气语调要亲切温柔，并与说话内容保持一致。

③积极期望可以同表扬、鼓励结合使用。

第六单元　幼儿园教育环境与资源模拟试题

一、单项选择题（在每小题列出的四个备选项中只有一个是符合题目要求的，请将其代码填写在题后的括号内。错选、多选或未选均无分。）

1. C　　2. B　　3. B　　4. A　　5. A　　6. A　　7. C
8. D　　9. B　　10. C　　11. B　　12. D　　13. A　　14. A
15. D　　16. C

二、名词解释题

1. 幼儿园精神环境，又称幼儿园心理环境，是指对幼儿园教育和幼儿发展产生影响的一切精神因素的总和，主要包括幼儿园的人际关系、幼儿园园风、幼儿园文化等。

2. 幼儿园物质环境，是指幼儿园内对幼儿发展有影响作用的各种物质要素的总和。它是幼儿园开展各项工作的前提条件和基础，是幼儿园教育工作质量的保证，是促进幼儿身心全面发展的最基本保障。

3. 幼儿园环境的隐性作用，是指幼儿园环境作为一种"隐性课程"，会潜移默化地影响幼儿的身心发展、社会化发展以及个性发展，而且这种影响是深刻而持久的。

4. 幼儿园教育环境，是指幼儿园保育和教育工作赖以进行的一切条件的总和，有广义和狭义之分。广义的幼儿园教育环境既包括幼儿园内部的小环境，又包括园外的家庭、社会、自然、文化等大环境，体现终身教育的大教育观。狭义的幼儿园教育环境，是指幼儿园内影响幼儿身心发展的全部条件，这些条件主要包括物质环境和精神环境两大类。

5. 幼儿园教育资源，是指直接或间接地影响幼儿教育，有利于实现幼儿教育目标、促进幼儿发展的各种因素。

6. 幼儿园物质环境创设，包括园舍建筑、园内装饰、场所布置、设备条件、物理空间的设计与利用及各种材料的选择与搭配等。

三、简述题

1. 答：（1）运用形象法的步骤：首先要准备直观材料或树立形象；其次要引导幼儿观察形象；最后要及时强化。

（2）运用形象法时要注意以下四个方面：第一要选择科学的、丰富的直观教具；第二是将实物形象法与语言法、行为练习相结合；第三是禁用反面形象威胁幼儿；第四是要慎用榜样形象。

2. 答：（1）教师应该友好地对待幼儿，处处体现对幼儿的关心与爱护，让幼儿感受到安全，对教师形成一种积极的情感依恋。

（2）教师多以幼儿学习伙伴的身份出现在幼儿面前，变强制为引导，做一个积极的观察者、倾听者和支持者，

（3）教师应改变一味以"我"为中心的教育方式，创设一个有利于幼儿主动学习和发展的环境，包括提供丰富有趣的物质材料，鼓励幼儿自主探究、大胆表达。

3. 答：（1）对幼儿身体和大脑发育的作用。在一种营养、卫生等基本生活条件良好和充满关爱的环境下，儿童的身体能获得正常生长发育，外界事物对幼儿

的感受器官进行各种各样的刺激，从而引起大脑的活动，而后产生应答外部影响的行动。

（2）对幼儿认知发展的作用。幼儿的认知发展主要取决于幼儿与客观环境的相互作用，幼儿通过与物质环境之间的互动，不断实现其知识的主动建构。幼儿认知能力的发展离不开幼儿园环境的影响作用。

（3）对幼儿情感和行为的影响。良好的幼儿园环境，可以给幼儿带来积极的情绪反应，还能在一定程度上塑造和改变幼儿的行为，引发符合教育要求的行为，促进其身心健康、全面、和谐发展。

四、论述题

答：（1）安全与健康原则。安全与健康是幼儿生存与发展的前提。

（2）目标导向性原则。环境应具有教育的内涵，体现一定的教育目的，能够引发对幼儿成长有益的行为。

（3）发展适宜性原则。幼儿园环境创设既要与幼儿的身心发展水平相适应，又要促进幼儿身心进一步的发展。

（4）丰富性原则。幼儿的发展需求是多样的，因而创设的幼儿园教育环境也应是丰富多样的，来促进幼儿多方面的发展。

（5）开放性原则。一是指幼儿园创设的环境应有利于幼儿积极主动地开展活动，而不是限制幼儿的学习；二是幼儿园环境创设应与家庭、社区教育环境结合起来，积极走出去，利用家庭及社区的环境，并发动家庭、社区创设所需要的教育环境，从而创设幼儿同教育的整体"大环境"。

五、案例分析题

答：（1）幼儿园环境创设要满足幼儿全面发展的原则，提供的环境材料要充足、丰富、多样并及时更新。材料中的幼儿园在进行环境创设时选择材料全是纸质的，比较单一，违背了丰富性原则。

（2）幼儿处于不断发展变化中，不同年龄、不同个体的幼儿对环境需要都不尽相同，因此幼儿园各个班级的环境不能都一个样，也不能固定不变，需要每隔一段时间对现有环境进行重新评估和更新，以适应幼儿发展需要。材料中教师仅注重美观，忽视了幼儿的差异性，将教室环境布置成一个样子，违背了发展适宜性原则。

（3）幼儿园环境的创设，应让幼儿和家庭、社区积极参与进来，充分利用社区和家庭资源，创设幼儿园教育的整体"大环境"。材料中，在进行班级创设时，往往由老师一手包办，违背了开放性原则。

（4）所以，幼儿园环境的创设应以幼儿的身心发展特点为依据，最大限度地满足幼儿生活、学习和发展的需要。在进行环境创设时要遵循安全与健康原则、目标导向性原则、发展适宜性原则、丰富性原则和开放性原则。

第七单元　幼儿园教育活动模拟试题

一、单项选择题（在每小题列出的四个备选项中只有一个是符合题目要求的，请将其代码填写在题后的括号内。错选、多选或未选均无分。）

1. C 　　2. C 　　3. B 　　4. B 　　5. A 　　6. D 　　7. C

8. C 　　9. A 　　10. B 　　11. D 　　12. D 　　13. B 　　14. D

15. A 　　16. C 　　17. C 　　18. C 　　19. A 　　20. A 　　21. B

22. C

二、名词解释题

1. 幼儿园教育活动是以幼儿为主体，在教师创设的以适合幼儿身心发展需要和特点的多种形式的活动和与环境的互动过程中，引发幼儿积极参与、主动探索并大胆表现的教育活动系列，旨在促进幼儿全面、健康、和谐、整体地发展。

2. 幼儿游戏，是指幼儿追求快乐的一种行为，是幼儿自愿参加、以娱乐为主要目的，通过模仿和假想反映社会现实生活，并伴有快乐情绪体验的社会性活动。

3. 幼儿园教学活动，是指教师根据幼儿园教育目标和任务，结合社会的需求和幼儿身心发展规律而专门设计的多种形式的、有目的、有计划地引导幼儿生动活泼、主动学习的活动。

4. 操作活动，是指以幼儿的需要、兴趣及身心发展水平为主要依据，考虑幼儿园的教育目标及当前幼儿园所进行的其他教育活动，由教师创造操作环境，提供操作材料，由幼儿自由选择、自己操作的教育活动。

5. 自由活动，是指幼儿自己选择活动内容、玩具材料以及玩伴，在活动过程中主动参与、充分交往，获得直接经验，体验各种情感的活动过程，是老师了解幼儿发展水平、增进师幼感情、实施个别教育的良好契机。

三、简述题

1. 答：（1）游戏可促进幼儿身心健康。通过游戏可以使其骨骼、肌肉得到充分的锻炼，而且使中枢神经系统的机能状态调整到最佳水平，促进身心健康。

（2）游戏有利于幼儿智力、情感、社会性的发展。游戏是幼儿自由结伴进行的，它能给幼儿带来欢乐和满足，帮助幼儿了解社会分工、人际关系等。

（3）游戏有利于幼儿创造力的发展。创造是游戏顺利开展和发展的动力，游戏是培养激发幼儿创造力的手段之一，两者相辅相成。

2. 答：（1）要有目标意识，活动过程要与活动目标对应，活动过程的设计与实施是为了完成预设的活动目标。

（2）应关注幼儿在活动中的表现和反应，根据幼儿的表现灵活运用教学方法，引导幼儿主动学习。

（3）注意引导方法及风格的变化，给幼儿新鲜感，使活动更有趣。

3. 答：（1）按活动对象的关联程度可分为：领域教育活动、主题教育活动以及区域教育活动。

（2）按活动性质的不同可分为：教学活动、游戏活动、一日生活活动、操作活动和考察活动。

（3）按活动的形式可分为：集体、小组、个别教育活动。

4. 答：（1）社区幼儿教育为幼儿提供了广泛的学习空间，使幼儿接触到更多更广的教育资源，开阔眼界，发散思维。

（2）社区幼儿教育将各种人力资源、物质资源、文化资源整合起来，充分发挥各自的积极性，为幼儿教育创造一个良好的社区环境。

（3）社区幼儿教育也能够在一定程度上提高整个社区的文明水平。

四、论述题

1. 答：幼儿园教学活动的整合性是指幼儿园教学活动在目标、内容和形式上都不是单一的，而是多种目标、多方面内容和多种形式的整合体。

（1）目标方面，教学活动的设计不仅要关注促进幼儿知识的增长，还要关注促进幼儿技能、情感态度价值观等方面的提升，促进幼儿身心全面协调发展。

（2）内容选择上，健康、语言、社会、科学、艺术五个领域的教学内容，每个领域都是整合的，且不同领域的教学内容之间也是相互渗透、相互整合的。

（3）教学形式上，当进行一个教学活动时，要选择多种教学形式，形成教育合力，促进幼儿的全面发展。

2. 答：（1）游戏活动是幼儿自愿参加、以娱乐为主要目的的活动，具有自主性、象征性、愉悦性、现实性和非功利性等特点。其指导重点在于丰富幼儿生活经验、创设良好游戏环境、观察与支持、评价与反思游戏等行动上。

（2）教学活动是专门设计多种形式的、有计划、有组织性和在教师的指导下进行的专门性和正规性的教学，是正式的指导活动。幼儿教学活动具有整合性、直接经验性、生活性和趣味性等特点，在教学活动的目标设计、准备和过程组织上都遵循一定要求。

（3）生活活动是指幼儿园中满足幼儿基本生活需要的活动，主要包括入园、盥洗、进餐、喝水、如厕、自由活动、午睡、离园等，具有基础性、独特性、习惯性和情感性的特点，并且每个环节都有相对应的常规要求。不像教学活动那样，生活活动重在随机提出要求。

第八单元　幼儿园教育的合作与衔接模拟试题

一、单项选择题（在每小题列出的四个备选项中只有一个是符合题目要求的，请将其代码填写在题后的括号内。错选、多选或未选均无分。）

1. A	2. C	3. A	4. D	5. B	6. A	7. D
8. D	9. A	10. D	11. B	12. C	13. A	14. A
15. A	16. A	17. B	18. D	19. C	20. D	21. A
22. D	23. A

二、名词解释题

1. 幼儿家庭教育，是指在家庭生活中，由家长（尤其是父母）自觉地、有意识地按一定社会的要求，通过言传身教和家庭生活实践，对子女实施的教育影响。

2. 幼儿园与家庭的教育合作简称家园合作，有时也称为家园共育，是指幼儿园与家庭在平等沟通、协商的基础上达成相互理解，形成共识，继而相互支持、配合，实现幼儿全面发展目标的教育过程。

3. 入学准备，是指为幼儿进入小学学习而对其进行相应的身心品质培养的工作总称，是幼儿园教育工作的一个重要组成部分，是幼儿园重要的教育任务，是衡量幼儿教育质量的重要标志之一。

4. 幼小衔接，是指幼儿园与小学两个相邻教育阶段之间在教育上的互相连接，其实质指的是儿童连续的、不断发展的身体、心理、社会性发展上的衔接。

5. 社区幼儿教育，是指以社区为基本单位，在利用社区资源的基础上开展的促进社区内全体幼儿发展的教育。

三、简述题

1. 答：（1）幼小衔接时期是儿童在发展过程中面临的一个重大转折期，如果幼小衔接进行得不顺利，可能会给幼儿造成身体和心理两个方面的问题。所以做好幼小衔接可以有效保护儿童在身体和心理上的健康。

（2）儿童在幼小衔接时期面临师幼关系、学习方式、行为规范、社会结构、期望水平、学习环境等多方面断层，做好幼小衔接工作可以有效减缓儿童从幼儿园到小学的适应坡度，使儿童顺利过渡到新的教育阶段，为儿童的一生幸福成长打好扎实的基础。

2. 答：（1）请进来。一是请社区的人员为孩子开展活动；二是将社区资源引入幼儿园教育活动；三是将社区的"精神文明"请进幼儿园。

（2）走出去。一是组织幼儿走出去，了解周围环境，感知社区生活；二是幼儿园要利用节假日组织幼儿积极参与社区开展的活动，让幼儿在社区氛围中受到教育。

3. 答：（1）幼儿家庭教育具有率先性、情感联系性、个别性和灵活性的特点。

（2）幼儿家庭教育的作用主要体现在对幼儿身体发展的作用、对幼儿智力发展的作用、对幼儿社会性发展的作用三个方面。

4. 答：（1）家园合作能够在一定程度上克服家庭教育在观念、方法等方面的局限，有利于家长科学的育儿观念和育儿方法的形成。

（2）家庭教育具有对幼儿影响更直接、与幼儿关系更亲密的优势，而幼儿园教育则更为有计划、有目的，更为科学。双方的合作能更好地发挥各自的优势，形成教育合力，共同为幼儿的成长营造良好的教育生态环境。

5. 答：（1）幼儿园为社区服务。幼儿园作为社区内专门的教育机构，要以自身优势服务于社区，通过示范性教育工作带动整个社区幼儿教育的发展。

（2）社区为幼儿园服务。一是要发挥社区的人力资源优势，支持幼儿园教育活动的开展；二是要将社区的文化资源融入幼儿园的教育内容之中；三是利用社区的物质资源，为幼儿园教育提供便利。

四、论述题

1. 答：（1）幼儿园应主动与幼儿家庭配合，帮助家长建立良好的家庭教育环境，向家长宣传科学保育、教育幼儿的知识，共同担负教育幼儿的任务。应本着尊重、平等、合作的原则，争取家长的理解、支持和主动参与，并积极支持家长提高教育能力。

（2）幼儿园应密切同社区的联系与合作。宣传幼儿教育的知识，支持社区开展有益的文化教育活动，争取社区支持和参与幼儿园建设。

（3）幼儿园和小学应当密切联系，互相配合，注意两个阶段的相互衔接。幼儿园要从促进儿童终身发展的长远目标着眼，全方位、持续性地为儿童做好进入小学的准备教育。

2. 答：（1）存在的问题：衔接的单向性、衔接的片面性、衔接的超前性、衔接的形式性、师资力量薄弱。

（2）应采取的措施：

①为幼小衔接提供政策支持。颁布法令政策予以保障，促进幼儿教师和小学教师培养的一体化。

②为幼儿做好入学准备。重视提高儿童的身体素质，发展儿童优良的个性品质，养成良好的生活、学习习惯，激发儿童浓厚的学习兴趣，做好大班的专门准备工作。

③小学为儿童做好入学适应。小学教师要学习有关学前儿童的心理理论，到幼儿园进行一日观摩生活；一年级应布置室内环境，让新生一入学就在心理上产生亲近感；把游戏活动引进课堂，尽量使用直观形象的教具；科学制定生活和学习制度，安排好儿童的一日生活，教师要多关心儿童的生活。

④发挥家庭在幼小衔接中的作用。家长要更新教育观念，培养孩子的自理能力，使其养成良好的作息习惯，多给孩子沟通和鼓励。

3. 答：（1）合作的内容：

①幼儿园方面：尊重家长，获取家长的信任；帮助家长树立正确的教育观念和教育方法。

②幼儿家长方面：支持幼儿园的各项工作；参与幼儿园教育活动；参与幼儿园管理。

（2）合作的途径：

①家长委员会。幼儿园应成立家长委员会，家长委员会的主要任务是帮助家长了解幼儿园工作计划和要求协助幼儿园工作；家长委员会在幼儿园园长指导下工作。

②家长会。家长会是面向全体家长的会议，一般在开学初、期中、期末召开，是老师与家长的沟通平台。

③家长学校。家长学校是对家长进行教育知识和家庭生活知识宣传和指导的一种途径。

④开放日活动。通过家长开放日活动能够使家长零距离地了解孩子在园情况，进而全面、客观地了解自己孩子的发展情况。

第二编
综合模拟试题

全国高等教育自学考试
幼儿园基础模拟试卷（一）

（课程代码　12339）

第Ⅰ部分　选择题（20分）

一、单项选择题（本大题共20小题，每小题1分，共20分。在每小题列出的四个备选项中只有一个是符合题目要求的，请将其代码填写在题后的括号内。错选、多选或未选均无分。）

1. 在幼儿园中设置活动区，为儿童提供实物和环境以培养其创造能力和思维能力。这是哪位教育家的教育思想？（　　）

    A. 陶行知　　　　　　　　　　B. 皮亚杰

    C. 福禄贝尔　　　　　　　　　D. 蒙台梭利

2. 下列不属于杜威教育理论的核心的是（　　）。

    A. 教育即生长　　　　　　　　B. 教育即生活

    C. 教育即经验的改造　　　　　D. 教育即学习

3. 我国提出解放儿童"头脑""双手""眼睛""嘴""时间"和"空间"等儿童创造力的六大主张的教育家是（　　）。

    A. 张雪门

    B. 陶行知

    C. 刘晓东

    D. 蔡元培

4. 蒙台梭利认为儿童的心理发展有其自身特点，则人所特有的特点是具有（　　）。

A. 生理胚胎期

B. 心理胚胎期

C. 吸收性心智

D. 敏感期

5. 在幼儿园教育目标体系纵向结构中,最末端的目标是( )。

A. 领域目标

B. 阶段目标

C. 总目标

D. 活动目标

6. 在幼儿园教育中,以幼儿不同年龄阶段的身心特征为依据而确定的教育目标是( )。

A. 阶段目标

B. 领域目标

C. 层级目标

D. 活动目标

7. "情绪安定、愉快""喜欢参加体育活动,动作协调灵活"描述的领域目标是( )。

A. 健康教育领域目标

B. 艺术教育领域目标

C. 科学教育领域目标

D. 社会教育领域目标

8. 在教育、教学中采用"一刀切""一锅煮"的办法,这违背的教育原则是( )。

A. 集体教育原则

B. 全面教育原则

C. 活动性原则

D. 因人施教原则

9. 下列能够体现幼儿园教育与其他教育的根本区别的原则是( )。

A. 面向全体和因人施教原则

B. 尊重和保护儿童原则

C. 充分利用儿童、家庭和社会的教育资源的原则

D. 保教结合原则

10. 下列能够集中体现和反映开放式教育的教育原则是（　　）。

　　A. 面向全体和因人施教原则

　　B. 尊重和保护儿童原则

　　C. 充分利用儿童、家庭和社会的教育资源的原则

　　D. 活动性原则

11. 形象法的理论基础包括（　　）。

　　A. 儿童认知发展理论、社会学习理论、直观性教学原则

　　B. "鹰架教学"理论、成熟势利说、社会学习理论

　　C. 最近发展区理论、结构主义理论、多元智能理论

　　D. 儿童中心理论、儿童认知发展理论、感觉教育

12. 在运用形象法时，在最后结合榜样法运用的目的是（　　）。

　　A. 展示形象

　　B. 及时强化

　　C. 准备材料

　　D. 引导幼儿观察形象

13. 幼儿园里，一个小男孩摔倒了，另一个小男孩跑过去，故意摔倒，随即爬起来，拍拍身上的灰。接着，摔倒的男孩也爬起来，两个人一块儿去玩了。这种情况下第一个小男孩获得教育的方法是（　　）。

　　A. 行为形象法　　　　　　　　B. 有意形象法

　　C. 榜样形象法　　　　　　　　D. 无意形象法

14. 幼儿园班级内部的各种物资设备条件是指（　　）。

　　A. 精神环境

　　B. 室内物质环境

　　C. 室外物质环境

　　D. 自然环境

15. 环境创设要满足幼儿全面发展的需要，考虑到幼儿处于发展变化中，兴趣、需要会发生变化，还要考虑到幼儿间存在个体差异，提供的环境材料要充足、丰富、多样并及时更新，促进幼儿在体智德美诸方面全面和谐发展。这里体现的环境创设原则是（　　）。

　　A. 目标导向性原则

B. 发展适宜性原则

C. 丰富性原则

D. 开放性原则

16. 下列关于集体教育弊端的叙述正确的是（　　）。

A. 顾全大局

B. 很难保证活动的效率

C. 很难保证发展目标的实现

D. 面向全体

17. 按活动性质划分的教育活动类型中，适宜培养幼儿主体性的活动是（　　）。

A. 操作活动

B. 考察活动

C. 游戏活动

D. 日常生活活动

18. 具有鲜明地域性的教育是（　　）。

A. 幼儿家庭教育

B. 幼儿园教有

C. 社区幼儿教育

D. 幼儿社会教育

19. 幼儿园与家庭教育合作的途径不包括（　　）。

A. 家长委员会

B. 社区活动

C. 开放日活动

D. 幼儿成长档案

20. 在家园教育合作中应注意的问题不包括（　　）。

A. 忽视家长诉求

B. 完全以家长为中心

C. 合作中出现脱节

D. 将合作看成额外负担

第Ⅱ部分 非选择题（80分）

二、名词解释题（本大题共6小题，每小题3分，共18分）

21. 幼儿教师观

22. 活动性原则

23. 实践法

24. 幼儿园教育资源

25. 幼儿游戏

26. 幼儿园与家庭的教育合作

三、简答题 （本大题共 4 小题，每小题 6 分，共 24 分。）

27. 简述幼儿园教育的性质和特点。

28. 简述人本位儿童观的主要内容。

29. 简述教学游戏化的方法。

30. 简述幼儿家庭教育的特点及作用。

四、论述题（本大题共 2 小题，每小题 12 分，共 24 分。）

31. 试述评价法的方法及运用。

32. 试述幼儿园教学活动的整合性。

五、案例分析题（本大题共 1 小题，共 14 分。）

33. 目前，我国幼儿园教育事业得到普及和发展，然而幼儿园教育的问题却不断出现，最近报纸、电视新闻报道的幼儿园"虐童"现象时有发生。

　　问题：请根据尊重和保护儿童的原则分析"虐童"现象。

全国高等教育自学考试
幼儿园基础模拟试卷（一）
参考答案

（课程代码　12339）

一、单项选择题

1. B	2. D	3. B	4. B	5. D	6. A	7. A
8. D	9. D	10. C	11. A	12. B	13. D	14. B
15. C	16. C	17. C	18. C	19. B	20. D	

二、名词解释题（本大题共6小题，每小题3分，共18分）

21. 幼儿教师观，是指关于幼儿教育机构中的教师的观念，包括幼儿教师应承担的角色、幼儿教师具备的专业素质等。

22. 活动性原则，是指幼儿不能主要通过课堂书本知识的学习来获得发展，幼儿园教育必须以活动为主导，在活动中让幼儿积极地与环境相互作用，去感知、探索、发现、思考来获取各种丰富的经验。

23. 实践法，又称活动法，是指幼儿园提供各种材料，让幼儿通过自己练习、操作、发现、感受，以获得知识或经验，养成行为习惯的方法。因具体应用情形不同可分为操作法、行为练习法、实验法、参观法等。

24. 幼儿园教育资源，是指直接或间接地影响幼儿教育，有利于实现幼儿教育目标、促进幼儿发展的各种因素。

25. 幼儿游戏，是指幼儿追求快乐的一种行为，是幼儿自愿参加、以娱乐为主要目的，通过模仿和假想反映社会现实生活，并伴有快乐情绪体验的社会性活动。

26. 幼儿园与家庭的教育合作，简称家园合作，有时也称为家园共育，是指幼儿园与家庭在平等沟通、协商的基础上达成相互理解，形成共识，继而相互支持、配合，实现幼儿全面发展目标的教育过程。

三、简答题（本大题共 4 小题，每小题 6 分，共 24 分。）

27. 答：（1）幼儿园教育是专门为 3~6 岁的幼儿提供的教育，有自己的教育内容、教育方法、组织和管理方式。

（2）幼儿园教育具有基础性、启蒙性和公益性的性质。

28. 答：（1）认为儿童不是罪恶的，而是甜蜜、天真、纯洁的。

（2）要求尊重儿童。

（3）反对将儿童看成"小大人"，反对用对待成人的方式对待儿童。

（4）认为儿童一出生就具有一切道德的、理智的、身体的能力萌芽。

（5）认为儿童是学习的主体。

29. 答：（1）教学前：课堂开始前几分钟，老师组织一个小游戏作为教学的导入环节。

（2）教学中：创造游戏情境，使教学游戏化。

（3）教学后：在课堂接近尾声时，也可以组织一个游戏，使课堂在愉悦的氛围中结束。

30. 答：（1）幼儿家庭教育具有率先性、情感联系性、个别性和灵活性的特点。

（2）幼儿家庭教育的作用主要体现在对幼儿身体发展的作用、对幼儿智力发展的作用、对幼儿社会性发展的作用三个方面。

四、论述题（本大题共 2 小题，每小题 12 分，共 24 分。）

31. 答：（1）评价法是教师通过语言、物质等手段表达对幼儿的看法的教育方法。评价法包含批评法与惩罚法、激励法两类。评价法的理论基础是强化理论和罗森塔尔效应。

（2）批评是教师对幼儿的不良行为或习惯表示不满，通过提醒、劝告等方式让幼儿知道什么地方做得不对。惩罚是通过剥夺幼儿的某项权利、愿望等方式，对幼儿的不良行为习惯进行强烈的"负强化"。使用批评与惩罚的方法要有一定的限制，并且采用时要结合示范、换位思考、角色扮演等方法进行，给予幼儿正确的引导。

幼儿园教育基础模拟试题集

（3）激励法一般通过表扬、鼓励与奖励的手段实现对幼儿表现的肯定。表扬通常是针对结果和成效的，鼓励是针对过程和态度的，奖励重点指向来自教师的针对幼儿行为表现的"产品"。运用表扬、鼓励和奖励时要注意：一是表扬时机要适当，要具体，不能笼统；二是奖励要适度，控制次数，要做到精神奖励和物质奖励相结合；三是多鼓励幼儿，鼓励的方式也要多元化，教师的鼓励要发自内心。

（4）积极期望是应用"罗森塔尔效应"而建立的方法。在教学中运用积极期望时要从积极方面去引导，注意语气语调，并同表扬、鼓励相互结合。

32. 答：幼儿园教学活动的整合性，是指幼儿园教学活动在目标、内容和形式上都不是单一的，而是多种目标、多方面内容和多种形式的整合体。

（1）目标方面，教学活动的设计不仅要关注促进幼儿知识的增长，还要关注促进幼儿技能、情感态度价值观等方面的提升，促进幼儿身心全面协调发展。

（2）内容选择上，健康、语言、社会、科学和艺术五个领域的教学内容，每个领域都是独立的，且不同领域的教学内容之间也是相互渗透、相互整合的。

（3）教学形式上，当进行一个教学活动时，要选择多种教学形式，形成教育合力，促进幼儿的全面发展。

五、案例分析题（本大题共 1 小题，共 14 分。）

33. 答：（1）尊重和保护儿童的原则要求教师把儿童当作教育的主体，尊重其主体权力与地位，消除教育活动过程中可能对儿童身心产生伤害的各种隐患，促进儿童健康持续的发展。幼儿园内的"虐童"现象，明显违背了幼儿园教育的这一原则。

（2）尊重幼儿就是要尊重幼儿的生命、人格、权利、身心发展特点和个性差异、学习特点。教育者应该站在幼儿的角度去看待其世界，不得对幼儿实施侮辱其人格的行为。幼儿园教育应该以人为本，尊重幼儿的特点和差异，促进幼儿的发展。保护幼儿主要是保护幼儿的健康和安全、自尊心和自信心、好奇心和求知欲、想象力和创造力等。

（3）在教育中，不能滥用教师权威和以教师为中心，教师应尊重并保护幼儿的人格、尊严和权利不受侵犯；不得任意处罚、虐待和歧视幼儿。

（4）教师应以平等的身份参与幼儿的活动，学会倾听幼儿，幼儿的身心健康，及时发现幼儿的兴趣，捕捉教育契机，做幼儿自主活动的鼓励者、支持者、帮助者。

全国高等教育自学考试
幼儿园基础模拟试卷（二）

（课程代码　12339）

第Ⅰ部分　选择题（20分）

一、单项选择题（本大题共20小题，每小题1分，共20分。在每小题列出的四个备选项中只有一个是符合题目要求的，请将其代码填写在题后的括号内。错选、多选或未选均无分。）

1. 下列选项中属于幼儿园教育对幼儿的个体发展起作用的是（　　）。

    A. 培养人才

    B. 减轻父母负担

    C. 促进德、智、体、美全面发展

    D. 稳定社会

2. 提出适合我国国情的"活教育理论"和创立"五指活动"课程的教育家是（　　）。

    A. 刘晓东

    B. 陈鹤琴

    C. 陶行知

    D. 张雪门

3. 1904年，清政府颁布文件规定学前教育机构为"蒙养院"。该文件是（　　）。

    A.《学校系统改革案》

    B.《蒙养堂章程》

C. 《奏定学堂章程》

D. 《钦定学堂章程》

4. 《幼儿园教师标准》（2012）分析幼儿教师应具备的专业素质的三个纬度是
（　　）。

    A. 专业理念、师德、专业知识

    B. 专业技能、专业知识、专业能力

    C. 职业理念、专业知识、专业技能

    D. 专业理念与师德、专业知识、专业能力

5. 我国幼儿园教育总目标的特点是（　　）。

    A. 独特性、终期性、统领性

    B. 层次性、领域性、一般发展性

    C. 长期性、递进性、独特性

    D. 阶段性、层次性、递进性

6. "幼儿在 3~4 岁时能沿地面直线或在较窄的低矮物体上走段距离，在 4~5
岁时能在较窄的低矮物体上平稳地走一段距离，在 5~6 岁时能在斜坡、荡桥和一
定间隔的物体上平稳行走"。这体现的幼儿园教育阶段目标的特点是（　　）。

    A. 层次性

    B. 递进性

    C. 发展性

    D. 局域性

7. 在端午节时，幼儿园在园内和班级内张贴关于端午节的海报和字条，组织
包粽子的班级活动，体现的幼儿园教内容选择的原则是（　　）。

    A. 趣味性原则

    B. 综合性原则

    C. 适宜性原则

    D. 生活性原则

8. 对幼儿园教育活动性原则的正确理解是（　　）。

    A. 儿童随意玩耍

    B. 在教师的统一要求下活动

    C. 发挥教师在活动中的主导作用

    D. 活动贯穿整个教育过程，是幼儿园教育的主要内容和形式

9. 贯彻保教结合原则需要避免的问题是（　　）。

　　A. 保教分离，以教师为中心

　　B. 重"保"轻"教"，保教分离

　　C. 重"教"轻"保"，保教分离

　　D. 以教师为中心、滥用教师权威

10. 下列能够体现幼儿园教育与其他教育的根本区别的原则是（　　）。

　　A. 面向全体和因人施教原则

　　B. 尊重和保护儿童原则

　　C. 充分利用儿童、家庭和社会的教育资源的原则

　　D. 保教结合原则

11. 下列不属于实践法特点的是（　　）。

　　A. 直接经验性

　　B. 知行统一性

　　C. 体验性与亲历性

　　D. 趣味性

12. 下列不属于情境法的基础的是（　　）。

　　A. 语言法

　　B. 形象法

　　C. 游戏法

　　D. 评价法

13. 下列选项中是游戏法的特点的是（　　）。

　　A. 科学性、趣味性和娱乐性

　　B. 体验性与亲历性、直观性

　　C. 体验性、趣味性、亲历性

　　D. 趣味性和娱乐性、体验性

14. 下列幼儿园教育活动类型中，能够具体体现因材施教思想的是（　　）。

　　A. 集体教育活动

　　B. 小组教育活动

　　C. 主题教育活动

　　D. 个别教育活动

15. 幼儿园室外游戏场地的设计的主要方面是空间设计、器具设备和（　　）。

A. 走廊

B. 沙水游戏区

C. 绿化

D. 附属设施

16. 良好师幼关系的特征是（　　　）。

A. 适宜性、科学性、民主性

B. 民主性、互动性、分享性

C. 科学性、趣味性. 互动性

D. 趣味性、互动性、分享性

17. 幼儿园教育区别于家庭教育和社区教育的重要特征是（　　　）。

A. 存在专门的游戏活动

B. 符合幼儿身心发展

C. 注重环境创设

D. 存在专门的教学活动

18. 社区人力资源是社区课程资源的重要组成部分，他们是具有专业技术和专业知识的人士。下列不属于这部分人群的是（　　　）。

A. 幼儿园教师

B. 社区居民

C. 军人警察

D. 离退休干部

19. 为幼儿园开展与社区的合作提供了法理依据和行动方向的规定是（　　　）。

A.《幼儿园工作规程》

B.《幼儿园管理条例》

C.《幼儿园教师管理条例》

D.《幼儿园教育指导纲要（试行)》

20. 下列关于家庭教育的叙述错误的是（　　　）。

A. 家庭教育是学校教育与社会教育的基础

B. 广义的家庭教育是指家庭成员之间相互实施的一种教育

C. 狭义的家庭教育是指家长对子女实施的教育影响

D. 家庭教育比机构教育开始得晚

第Ⅱ部分 非选择题（80分）

二、名词解释题（本大题共 6 小题，每小题 3 分，共 18 分。）

21. 过程性内容

22. 幼儿园教育原则

23. 情境法

24. 幼儿园物质环境

25. 幼儿园教学活动

26. 入学准备

三、**简答题**（本大题共 4 小题，每小题 6 分，共 24 分。）

27. 简述我国幼儿园教育产生和发展经历的时期。

28. 简述幼儿园教育内容的分类。

29. 简述幼儿园教育面向全体和因人施教原则的实施要求。

30. 简述幼儿园与社区教育合作的内容。

四、论述题 （本大题共 2 小题，每小题 12 分，共 24 分。）

31. 试述幼儿园教育的整体性。

32. 试述幼儿家庭教育合作的内容及途径。

五、案例分析题（本大题共 1 题，共 14 分。）

33. 音乐课上老师让幼儿听录音猜这是哪个小动物的声音，孩子们的表现非常不错，接下来教师教授新歌曲，活动环节井然有序，一步一步地开展着……正在这时，突然一个声音出现了："老师，我要小便！"声音响亮，把大家惊住了。大家你看看我，我看看你，都不出声，这时教师也不知道该怎么处理，只说了一句："你等一下再去。"顿时教室里的孩子全笑了起来，想不到那个孩子又气呼呼地说："笑，笑什么笑！"这下可好，班级的孩子全跟着说起这句话来，顿时课堂变得乱糟糟的，教师也不知所措，早早地结束了教学……

问题：根据幼儿园教育活动的知识分析材料中教师的行为，并说明教学活动过程的组织需要注意的问题。

全国高等教育自学考试
幼儿园基础模拟试卷（二）
参考答案

（课程代码　12339）

一、单项选择题（本大题共20小题，每小题1分，共20分。）

1. C	2. B	3. D	4. D	5. A	6. B	7. D
8. D	9. C	10. D	11. D	12. D	13. A	14. D
15. D	16. B	17. D	18. A	19. A	20. D	

二、名词解释题（本大题共6小题，每小题3分，共18分。）

21. 过程性内容，是指幼儿园教育活动类型，是教师的"教"和幼儿的"学"共存的时空形式，如观察、讲述、表现等。

22. 幼儿园教育原则是根据幼儿身心发展规律和幼儿教育性质制定出来的，同时也是由幼儿教育实践经验总结而来的，是今后幼儿园教育工作者的行动依据。

23. 情境法是情境教学法的简称，是指在教学过程中，教师充分利用图片、音乐、语言、动作等形象，创设某种典型的场景或营造某种氛围，将学习者引入其中，使他们产生一定的内心感受和情绪体验，从而帮助他们理解教学内容，使他们的身心得到发展的一种教学方法。

24. 幼儿园物质环境，是指幼儿园内对幼儿发展有影响作用的各种物质要素的总和，它是幼儿园开展各项工作的前提条件和基础，是幼儿园教育工作质量的保证，是促进幼儿身心全面发展的最基本保障。

25. 幼儿园教学活动，是指教师根据幼儿园教育目标和任务，结合社会的需求和幼儿身心发展规律而专门设计的多种形式的、有目的、有计划地引导幼儿生动活泼、主动学习的活动。

26. 入学准备，是指为幼儿进入小学学习而对其进行相应的身心品质培养的工作总称，是幼儿园教育工作的一个重要组成部分，是幼儿园重要的教育任务，是衡量幼儿教育质量的重要标志之一。

三、简答题（本大题共 4 小题，每小题 6 分，共 24 分。）

27. 答：（1）清朝末年，我国第一所幼儿园的诞生和蒙养院制度的建立，标志着我国幼儿园教育真正开始实施。

（2）五四运动之后，我国幼儿园教育体系逐步形成。

（3）新中国成立初期至改革开放前，我国幼儿园教育的发展经历了改革时期、盲目发展与调整时期、遭到全面破坏与恢复时期。

（4）改革开放以来，我国幼儿园教育逐渐普及与提高，出现了良好的发展势头。

28. 答：（1）根据教育内容的形态可分为过程性内容和对象性内容。

（2）根据目标分类有四种划分：幼儿德、智、体、美等方面教育内容；幼儿园健康、语言、科学、社会、艺术五大领域的教育内容；幼儿年龄阶段教育内容；幼儿园教育活动内容。

（3）根据幼儿发展的方面可分为身体、认知、情感、动作技能和社会性发展五方面内容。

29. 答：（1）教师要有教无类，吸纳每一个幼儿的参与。

（2）幼儿园教育教学内容要有选择性和针对性。

（3）将多种组织形式进行整合促进儿童的发展。

30. 答：（1）幼儿园为社区服务。幼儿园作为社区内专门的教育机构，要以自身优势服务于社区，通过示范性教育工作带动整个社区幼儿教育的发展。

（2）社区为幼儿园服务。一是要发挥社区的人力资源优势，支持幼儿园教育活动的开展；二是要将社区的文化资源融入幼儿园的教育内容之中；三是利用社区的物质资源，为幼儿园教育提供便利。

四、论述题（本大题共 2 小题，每小题 12 分，共 24 分。）

31. 答：（1）幼儿的发展是一个整体。
①幼儿教育的整体性是由幼儿发展的整体性决定的。幼儿发展的整体性是指作为完整个体的幼儿的各方面发展的联系性、协调性和统一性。

②幼儿的身与心、智力与非智力的发展是紧密相关、协调统一的，要将幼儿保育和教育、智力与非智力因素的培养结合起来，使之相互促进。

（2）幼儿教育是一个整体系统。

①从宏观层面讲，幼儿教育是由幼儿园教育、幼儿家庭教育、社区幼儿教育组成的完整的系统。

②从中观层面看，幼儿教育的制度、环境、资源、幼儿特点、教育者的素质、管理与评价方式等也构成一个系统。

③从微观层面看，幼儿教育活动的目标、内容、方法、形式、手段等要素之间也是相互联系、相互制约的，共同构成一个整体。

32. 答：（1）合作的内容：

①幼儿园方面。尊重家长，获取家长的信任；帮助家长树立正确的教育观念和教育方法。

②幼儿家长方面。支持幼儿园的各项工作；参与幼儿园教育活动；参与幼儿园管理。

（2）合作的途径：

①家长委员会。幼儿园应成立家长委员会，家长委员会的主要任务是帮助家长了解幼儿园工作计划和要求协助幼儿园工作；家长委员会在幼儿园园长指导下工作。

②家长会。家长会是面向全体家长的会议，一般在开学初、期中、期末召开，是老师与家长沟通的一个平台。

③家长学校。家长学校是对家长进行教育知识和家庭生活知识宣传和指导的一种途径。

④开放日活动。通过家长开放日活动能够使家长零距离地了解孩子在园情况，进而全面、客观地了解自己孩子的发展情况。

五、案例分析题（本大题共1题，共14分。）

33. 答：（1）教学活动过程中，在课堂开始前老师让幼儿听录音猜这是哪个小动物的声音，做了一个很好的课堂导入，激发幼儿的学习兴趣，引入学习主题。

（2）在教学过程中老师要注意观察幼儿的反应，如果幼儿的反应跟活动内容没有直接关系，应积极关注。材料中，老师面对幼儿突如其来的要求采取回避的态度，这是不可取的。教师不妨问一下幼儿是否真的需要上厕所，如果是真的，那么就应予以满足。这不仅不会中断活动，而且还体现了对幼儿的关心。如果不是真的，则这个活动远离了幼儿的生活，激不起幼儿的学习兴趣，教师应该对教学进行反思和改进。根据幼儿的表现灵活运用教学方法，引导幼儿主动学习。

（3）教师要善于发现幼儿感兴趣的事物和偶发性事件中所蕴含的教育价值，把握教育的时机，提供适当的引导。材料中的老师面对乱糟糟的课堂，不知所措，早早地结束了教学。这种做法是不可取的。

（4）需要注意的问题是：

①要有目标意识，活动过程要与活动目标对应。在具体的组织与实施过程中，要灵活处理好预设与生成的关系，不要一味拘泥于方案中预设的目标与过程。

②应关注幼儿在活动中的表现和反应，根据幼儿的表现灵活运用教学方法，引导幼儿主动学习。如果有些幼儿的反应跟活动内容没有直接关系，也应积极关注。

③注意引导方法及风格的变化，给幼儿新鲜感，使活动更有趣。

全国高等教育自学考试
幼儿园基础模拟试卷（三）

（课程代码 12339）

第Ⅰ部分 选择题（20分）

一、单项选择题（本大题共20小题，每小题1分，共20分。在每小题列出的四个备选项中只有一个是符合题目要求的，请将其代码填写在题后的括号内。错选、多选或未选均无分。）

1. 我国第一所官办的学前教育幼儿园是（　　）。
   A. 湖北幼稚园
   B. 南京鼓楼幼稚园
   C. 湖南幼稚园
   D. 河北幼稚园

2. 进入20世纪以后，幼儿园教育机构越来越多样化，基本可归为两类（　　）。
   A. 全日制和半日制
   B. 师范性和家教性
   C. 实验性和技能训练性
   D. 正规性和非正规性

3. 下列选项中属于我国教育家刘晓东的儿童观的是（　　）。
   A. 儿童具有"内在"生长法则
   B. 儿童是破坏者，不是建设者
   C. 儿童生活具有其自身价值

D. 儿童是"艺术家""梦想家"和游戏者

4. 下列关于幼儿园教育目标的意义表述错误的是（　　）。

A. 为教育活动提供了一个较为科学的行动指南

B. 界定了幼儿园教育的领域的范围及要点

C. 有利于选择适宜幼儿发展的各种活动，

D. 是评价整个教育工作的重要依据

5. 下列选项中属于过程性的幼儿园教育内容的是（　　）。

A. 童话故事

B. 科技产品

C. 饮食习惯

D. 观察讲述

6. 幼儿教师在语言课上只讲故事、音乐课上只唱歌、体育课上只做游戏的做法，违背的原则是（　　）。

A. 活动性原则

B. 综合性原则

C. 适宜发展性原则

D. 独立自主性原则

7. "培养儿童活泼开朗的性格"的教育内容属于（　　）。

A. 智育内容

B. 体育内容

C. 德育内容

D. 美育内容

8. 幼儿活动环境的有机组成部分是（　　）。

A. 设施

B. 天气

C. 材料

D. 位置

9. 在课间喝水、如厕、盥洗时，会让儿童排成小队按顺序去，让幼儿在生活中学会讲卫生、守秩序运用的教育原则是（　　）。

A. 活动性原则

B. 寓教育于幼儿一日生活之中原则

C. 面向全体和因人施教原则

D. 充分运用儿童、家庭和社会的教育资源原则

10. 教师在教学过程中给大拇指套上纸做的玩偶，配上逼真的语音语调，编排有趣的故事等，体现的是哪种情境创设（　　）。

  A. 生活情境创设

  B. 游戏情境创设

  C. 故事情境创设

  D. 表演情境创设

11. 下列选项中不是幼儿园教育的特殊原则的是（　　）。

  A. 保教结合原则

  B. 活动性原则

  C. 面向全体和因人施教原则

  D. 寓教育于幼儿一日生活之中原则

12. 基于强化理论采取的激励手段是表扬、鼓励和（　　）。

  A. 批评

  B. 惩罚

  C. 体罚

  D. 奖励

13. 评价法的鲜明特点是（　　）。

  A. 及时性

  B. 肯定性

  C. 批评

  D. 表扬

14. 幼儿园人际关系的现代部分是（　　）。

  A. 师幼关系

  B. 同伴关系

  C. 教师间的同事关系

  D. 教师与家长的关系

15. 幼儿园室内物质环境包括（　　）。

  A. 活动室、寝室、卫生间、班级走廊、班级设备

  B. 活动室、游戏场地、班级走廊、建筑小品

C. 寝室、卫生间、绿化、班级设备

D. 卫生间、绿化、游戏场地、班级走廊

16. 幼儿自愿参加、以娱乐为主要目的，通过模仿和假想来反映社会现实生活的幼儿教育活动是（　　）。

　　A. 游戏

　　B. 教学

　　C. 生活

　　D. 实践

17. 教师在游戏前根据幼儿年龄特点准备一定数量的半成品材料，让幼儿根据自己的需要运用这些材料。这里体现的幼儿园游戏指导的要求是（　　）。

　　A. 丰富幼儿生活经验

　　B. 创设良好游戏环境

　　C. 观察幼儿游戏

　　D. 支持幼儿游戏

18. 下列不属于幼儿家庭教育的特点的是（　　）。

　　A. 权威性

　　B. 灵活性

　　C. 个别性

　　D. 情感联系性

19. 幼儿园在开展幼小衔接工作时注重知识衔接，忽视学习兴趣、学习能力、学习习惯的衔接。说明我国幼小衔接存在的问题是（　　）。

　　A. 单向性

　　B. 形式性

　　C. 片面性

　　D. 双向性

20. 根据哈克教授的研究，处于幼儿园和小学衔接阶段的儿童面临的断层不包括（　　）。

　　A. 师幼关系断层

　　B. 心理环境断层

　　C. 学习环境断层

　　D. 行为规范断层

第Ⅱ部分 非选择题（80分）

二、名词解释题（本大题共 6 小题，每小题 3 分，共 18 分。）

21. 最近发展区

22. 内部活动

23. 幼儿园教育目标

24. 幼儿园环境的隐性作用

25. 操作活动

26. 幼小衔接

三、简答题（本大题共 4 小题，每小题 6 分，共 24 分。）

27. 简述教师应具备的幼儿教育观。

28. 简述幼儿园教育中贯彻保教结合原则的要求及注意问题。

29. 简述制定幼儿园教育目标的依据。

30. 简述幼儿园教育活动的基本类型。

四、论述题（本大题共 2 小题，每小题 12 分，共 24 分。）

31. 试述幼儿园教育在幼儿教育体系中的核心地位。

32. 试述幼儿园游戏活动、教学活动和生活活动的设计与指导的区别。

五、案例分析题（本大题共 1 题，共 14 分。）

33. 某幼儿园在进行环境创设时，存在以下问题：①材料的选择比较单一，所有材质全是纸，几乎没有孩子收集的物品，利用废旧材料也少。②色彩不丰富、材质不丰富，给人很单调的感觉。③老师在设计环境时，比较重视作品的精致性、漂亮性，以更多体现装饰、美化教室的目的，几乎每个班级都是千篇一律。④班级环境创设往往由老师一手包办，没有充分地利用家长和社会的资源来创设环境。

问题：根据以上材料分析幼儿园环境创设应该遵循的原则。

全国高等教育自学考试
幼儿园基础模拟试卷（三）
参考答案

（课程代码　12339）

一、单项选择题（本大题共20小题，每小题1分，共20分。在每小题列出的四个备选项中只有一个是符合题目要求的，请将其代码填写在题后的括号内。错选、多选或未选均无分。）

1. A　　2. D　　3. D　　4. D　　5. D　　6. B　　7. C
8. C　　9. B　　10. C　　11. C　　12. D　　13. A　　14. C
15. A　　16. A　　17. B　　18. A　　19. C　　20. B

二、名词解释题（本大题共6小题，每小题3分，共18分。）

21. 最近发展区，是指儿童已有的发展水平和即将达到的发展水平之间的距离。

22. 内部活动包括生理活动和心理活动。生理活动是指满足生命个体生存与运动需要的活动，心理活动是为满足探究、表现自身及客观世界的需要和建构自身内部世界的需要的活动，是幼儿神经系统的机能性反应活动。

23. 幼儿园教育目标是以教育目的、教育方针规定及幼儿教育目标等为宗旨，以把幼儿培养成什么样的人才为依据，针对幼儿园机构的特点及其教育实际情况而制定出来的目标。它与其他幼儿教育形式的目标共同组成幼儿教育目标。

24. 幼儿园环境的隐性作用，是指幼儿园环境作为一种"隐性课程"，会潜移默化地影响幼儿的身心发展、社会化发展以及个性发展，而且这种影响是深刻而持久的。

25. 操作活动，是指以幼儿的需要、兴趣及身心发展水平为主要依据，考虑幼儿园的教育目标及当前幼儿园所进行的其他教育活动，由教师创造操作环境，提供操作材料，由幼儿自由选择、自己操作的教育活动。

26. 幼小衔接，是指幼儿园与小学两个相邻教育阶段之间在教育上的互相连接，其实质指的是儿童连续的、不断发展的身体、心理、社会性发展上的衔接。

三、简答题（本大题共 4 小题，每小题 6 分，共 24 分。）

27. 答：（1）教育应促进每个幼儿在原有水平上发展。

（2）幼儿教育是个整体，应发挥整体功能。

（3）活动是幼儿园"教"与"学"的共同基础。

（4）环境是幼儿园教育的基本条件，同样具有教育的功能。

（5）幼儿园以游戏为基本活动。

28. 答：（1）贯彻保教结合的具体要求有：适应幼儿的特点，在日常生活中落实保教结合；在教学活动中推行保教结合；在游戏中做好保教结合。

（2）贯彻保教结合需避免两个问题：一是保教分离，二是重"教"轻"保"。

29. 答：（1）幼儿身心发展规律、特点及需要。

（2）社会发展的需要。

（3）我国的教育目的。

30. 答：（1）按活动对象的关联程度可分为：领域教育活动、主题教育活动以及区域教育活动。

（2）按活动性质的不同可分为：教学活动、游戏活动、一日生活活动、操作活动和考察活动。

（3）按活动的形式可分为：集体、小组、个别教育活动。

四、论述题（本大题共 2 小题，每小题 12 分，共 24 分。）

31. 答：（1）幼儿教育体系是由幼儿机构教育、幼儿家庭教育、幼儿社区教育等多方组成。幼儿园作为幼儿教育机构的主要成分，是幼儿教育的主要承担者，处于核心地位。

（2）在很长一段历史时期内，幼儿教育主要由家庭来承担，家庭教育几乎是幼儿教育的全部。幼儿园出现之后，幼儿园教育以其制度规定性和专业性，有计划、有组织地对幼儿施加影响，逐渐成为幼儿教育的"主力军"，在幼儿教育中开始取代家庭教育的地位，开始扮演更多的角色，承担更多的责任。

（3）到了现代，有更多的社会组织机构和群体力量纷纷加入幼儿教育的队伍中来，但这些幼儿教育形式不能离开幼儿园教育的科学示范和正确引导，幼儿园教育的核心地位也越来越突出。

32. 答：（1）游戏活动是幼儿自愿参加、以娱乐为主要目的的活动，具有自主性、象征性、愉悦性、现实性和非功利性等特点。其指导重点在于丰富幼儿生活经验、创设良好游戏环境、观察与支持、评价与反思游戏等行动上。

（2）教学活动是专门设计多种形式的、有计划、有组织性和在教师的指导下进行的专门性和正规性的教学，是正式的指导活动。幼儿教学活动具有整合性、直接经验性、生活性和趣味性等特点，在教学活动的目标设计、准备和过程组织上都遵循一定要求。

（3）生活活动是指幼儿园中满足幼儿基本生活需要的活动，主要包括入园、盥洗、进餐、喝水、如厕、自由活动、午睡、离园等，具有基础性、独特性、习惯性和情感性的特点，并且每个环节都有相对应的常规要求。不像教学活动那样，生活活动重在随机提出要求。

五、案例分析题（本大题共 1 题，共 14 分。）

33. 答：（1）幼儿园环境创设要满足幼儿全面发展的原则，提供的环境材料要充足、丰富、多样并及时更新。材料中的幼儿园在进行环境创设时选择材料全是纸质的，比较单一，违背了丰富性原则。

（2）幼儿处于不断发展变化中，不同年龄、不同个体的幼儿对环境需要都不尽相同，因此幼儿园各个班级的环境不能都一个样，也不能固定不变，需要每隔一段时间对现有环境进行重新评估和更新，以适应幼儿发展需要。材料中教师仅注重美观，忽视了幼儿的差异性，将教室环境布置成一个样子，违背了发展适宜性原则。

（3）幼儿园环境的创设，应让幼儿和家庭、社区积极参与进来，充分利用社区和家庭资源，创设幼儿园教育的整体"大环境"。材料中，在进行班级创设时，往往由老师一手包办，违背了开放性原则。

（4）所以，幼儿园环境的创设应以幼儿的身心发展特点为依据，最大限度地满足幼儿生活、学习和发展的需要。在进行环境创设时要遵循安全与健康原则、目标导向性原则、发展适宜性原则、丰富性原则和开放性原则。

全国高等教育自学考试
幼儿园基础模拟试卷（四）

（课程代码　12339）

第Ⅰ部分　选择题（20分）

一、单项选择题（本大题共20小题，将合题目类求的，请将其代题列出的四个备选项中只有一个是符合题目要求的，请将其代码填写在题后的括号内。错选、多选或未选均无分。）

1. 被誉为"幼儿园之父"的教育家是（　　）。

    A. 卢梭   B. 夸美纽斯

    C. 福禄贝尔   D. 裴斯泰洛齐

2. "这一阶段获得的学习经验不仅会影响他们当下的发展．还会影响他们在小学、中学、大学甚至大学以后的发展"，强调了幼儿园教育的哪种性质（　　）。

    A. 基础性

    B. 公益性

    C. 目的性

    D. 阶段性

3. "我生活中最主要的东西是什么？我毫不犹豫地回答：对孩子的爱。"体现了对幼儿教师专业素质哪个方面的要求（　　）。

    A. 专业理念与师德

    B. 专业知识

    C. 专业能力

    D. 环境创设与活动指导

4. 现在幼儿教师在幼儿学习活动中扮演的角色是（　　）。

　　A. 传授者、管理者、合作者

　　B. 引导者、合作者、支持者

　　C. 控制者、引导者、传授者

　　D. 管理者、支持者、传授者

5. 幼儿园教育目标不仅包含认知、生存方面，更包含生活、做事方面。这体现了制定教育目标要遵循的要求是（　　）。

　　A. 综合性

　　B. 时代性

　　C. 年龄差异性

　　D. 整体性

6. 尊重幼儿就是要尊重幼儿的生命、人格、权利、身心发展特点，以及（　　）。

　　A. 个性差异和学习特点

　　B. 认知能力和自信心

　　C. 自尊心和自信心

　　D. 好奇心和想象力

7. 在保护幼儿工作的内容中，幼儿园放在工作首位的是（　　）。

　　A. 保护幼儿的自尊心和自信心

　　B. 保护幼儿的想象力和创造力

　　C. 保护幼儿的健康和安全

　　D. 保护幼儿的好奇心和求知欲

8. 下列关于幼儿园全面教育的叙述错误的是（　　）。

　　A. 幼儿园全面教育可分为身体、认知、情感、个性和社会性五个方面

　　B. 身体是开展幼儿教育的物质基础

　　C. 认知的发展包含多个方面，一个方面教育的缺失不会影响幼儿完整的发展

　　D. 情感是个性特征的重要组成部分，以内心体验的形式存在

9. 下列关于制定幼儿园教育目标的依据的说法正确的是（　　）。

　　A. 最根本依据是社会发展的需要

　　B. 依据幼儿的发展特点及需要

  C. 指导思想是我国的教育目标

  D. 依据幼儿教育目标

10. 下列不是教育对儿童发展的作用模式是（ ）。

  A. 诱导

  B. 统领

  C. 促进

  D. 维持

11. 应用"罗森塔尔效应"而建立的体现教师教育艺术的方法是（ ）。

  A. 表扬

  B. 正强化

  C. 积极期望

  D. 激励法

12. 下列属于园内教育资源的特点的是（ ）。

  A. 系统性、科学性、适用性、便捷性

  B. 系统性、科学性、广泛性、便捷性

  C. 多样性、丰富性、系统性、适用性

  D. 可选择性、丰富性、科学性、多样性

13. 在课堂教学中，通过精神或物质奖励，鼓励那些符合课堂教学目的的学生行为是（ ）。

  A. 正强化

  B. 负强化

  C. 自然消退

  D. 期望

14. 下列选项中不属于幼儿园教育中情境创设的原则是（ ）。

  A. 幼儿主体性原则

  B. 教师主体性原则

  C. 具体直观性原则

  D. 趣味性原则

15. 将幼儿园教育资源分为园内教育资源、家庭教育资源和社区教育资源的分类标准是（ ）。

  A. 资源的分布范围

B. 资源的种类

C. 资源的性质

D. 资源的存在方式

16. 在幼儿园教育活动中幼儿具有充分的自由，自己决定游戏的进程与节奏。这里体现的幼儿游戏特点是（　　　）。

　　A. 象征性

　　B. 自主性

　　C. 愉悦性

　　D. 适用性

17. 幼儿游戏就是觉得好玩而玩，无外在目的，其中体现幼儿游戏特点的是（　　　）。

　　A. 现实性

　　B. 象征性

　　C. 趣味性

　　D. 非功利性

18. 下列不属于社区幼儿教育的特点的是（　　　）。

　　A. 地域性

　　B. 整合性

　　C. 形式多样性

　　D. 计划性

19. 幼儿园和社区教育合作的方式是（　　　）。

　　A. 请进来，走出去

　　B. 创设环境，设计活动

　　C. 主动邀请，坐等"上门"

　　D. 走出去，不等"上门"

20. 幼儿园与社区的教育合作除了对幼儿发展、幼儿园发展有重要意义外，还有益于（　　　）。

　　A. 社区建设

　　B. 幼儿健康

　　C. 家庭自身

　　D. 幼儿园教师

第Ⅱ部分　非选择题（80分）

二、名词解释题（本大题共6小题，每小题3分，共18分。）

21. 吸收性心智

22. 正强化

23. 入学准备

24. 恩物

25. 幼儿教师观

26. 幼儿家庭教育

三、简答题（本大题共 4 小题，每小题 6 分，共 24 分。）

27. 简述幼儿园教育在整个幼教系统中的主导作用。

28. 简述幼儿老师应具备的专业能力。

29. 简述社区幼儿教育的意义。

30. 简述幼儿园教学活动的过程。

四、论述题（本大题共 2 小题，每小题 12 分，共 24 分。）

31. 试述保教结合中"保"和"教"的关系。

32. 试述语言法的内容及运用时的注意事项。

五、案例分析题 （本大题共 1 题，共 14 分。）

33. 王老师开展了大班的"相亲相爱一家人"的系列活动。先是谈话"我和家人"，幼儿介绍自己的一家人，然后是回家收集自己和家人的合影照，第二天来园后在老师的指导下布置了一个展板，将所有的照片用"爱心"圈起来；接下来，幼儿被要求讲述家人是如何爱自己的故事，并模拟家庭生活场景，表演家人对自己的关心。再接下来，老师请幼儿讲讲"自己准备如何爱家人"，并将想法画下来。最后，老师对幼儿的表达爱的想法做出肯定，鼓励他们做一个懂得感恩的好孩子。

问题：试分析案例中用到了哪些教育方法。

全国高等教育自学考试
幼儿园基础模拟试卷（四）
参考答案

（课程代码 12339）

1. C	2. A	3. A	4. B	5. B	6. A	7. C
8. C	9. B	10. B	11. C	12. A	13. A	14. B
15. A	16. B	17. D	18. D	19. A	20. A	

二、名词解释题（本大题共6小题，每小题3分，共18分。）

21. 吸收性心智，是指幼儿通过与周围环境的密切接触和感情联系，获得各种印象，吸收文化传统，并在此基础上形成自己的个性和行为模式。

22. 正强化，是指当人们采取某种行为时，能从他人那里得到某种令其感到愉快的结果，这种结果反过来又成为推进人们趋向或重复此种行为的力量。

23. 入学准备，是指为幼儿进入小学学习而对其进行相应的身心品质培养的工作总称。它是幼儿园教育工作的一个重要组成部分。是幼儿园重要的教育任务，是衡量幼儿教育质量的重要标志之

24. 恩物是由德国幼儿教育家福禄贝尔发明的一种特制的玩具，幼儿可以通过它来认识物体形象，学习世界的法则，发展自己的感官和其他本能。

25. 幼儿教师观，是指关于幼儿教育机构中的教师的观念，包括幼儿教师应承担的角色，幼儿教师具备的专业素质等。

26. 幼儿家庭教育，是指在家庭生活中，由家长（其中首先是父母）自觉地、有意识地按一定社会的要求，通过言传身教和家庭生活实践，对子女实施的教育影响。

三、简答题 （本大题共 4 小题，每小题 6 分，共 24 分。）

27. 答：（1）辐射作用，即幼儿园教育向各种形式的幼儿教育发挥指导、示范的作用，带动幼儿家庭教育和非正规幼儿机构教育的发展。

（2）促进各种幼儿教育形式相互沟通，形成教育合力。

28. 答：（1）观察与了解幼儿的能力。

（2）环境创设的能力。

（3）教育活动的设计与指导能力。

（4）沟通与合作的能力。

（5）自我发展的能力。

29. 答：（1）社区幼儿教育为幼儿提供了广泛的学习空间，使幼儿接触到更多更广的教育资源，开阔眼界，发散思维。

（2）社区幼儿教育将各种人力资源、物质资源、文化资源整合起来，充分发挥各自的积极性，为幼儿教育创造一个良好的社区环境。

（3）社区幼儿教育也能够在一定程度上提高整个社区的文明水平。

30. 答：幼儿园教学活动过程包括导入部分、基本部分和结束部分。

（1）导入部分：激发幼儿的学习兴趣，引入学习主题。导入方式多种多样，需要根据教学内容的特点灵活地加以选择。

（2）基本部分：借助材料，通过观察、提问、回应等多种方式引导幼儿探索与表现，逐步展开幼儿的学习过程。

（3）结束部分：总结本次活动的经验或提出新的问题，对幼儿的学习做出评价。

四、论述题 （本大题共 2 小题，每小题 12 分，共 24 分。）

31. 答："保"和"教"是幼儿园教育整体的两个方面，这两个方面是相互渗透并有机结合在一起的。

（1）促进儿童身心健康是"保"的任务，也是"教"的任务，保育工作与教学工作在这里是交叉的。

（2）保养幼儿的工作不是简单的生活照顾，而是对幼儿进行行为辅导和习惯培养，引导幼儿建立健全的人格。

（3）教育教学不是对幼儿进行单纯的知识与技能的训练，而是培养全面的素质。其中包括心理素质，如积极的情感态度，而这必须依赖教师对幼儿心灵的呵护和个性的尊重。

（4）所以，幼儿园的教育"保"中有"教"，"教"中有"保"，保教一体化。

32. 答：语言法包括教师口语、谈话法、讲解法、提问法、故事法、猜谜法、讨论法等。

（1）教师口语。由于幼儿基本不识字或认识字很少，所以幼儿园教学中，教师使用口语较多，这是幼儿期独有的发展特点决定的。因此教师使用口语要规范。

（2）谈话法。谈话法是教师根据一定的主题，提出问题，引导幼儿积极思考并做出回答的教学方法。一般有日常生活谈话和个别谈话两种形式。谈话的题目应该是幼儿感兴趣的话题，所涉及的内容范围应该是幼儿知识经验范围之内的。

（3）讲解法。讲解法是教师通过口语向幼儿陈述或解释某事物的一种方法，一般与多种教学方法结合才能发挥作用。使用讲解法时，要与幼儿的可接受性相适应，要考虑幼儿现有的发展水平，并且语言要清晰明确、生动形象、突出重点。

（4）提问法。提问法是教师通过设置问题情境激发幼儿学习兴趣、引导幼儿思考并寻找答案的过程。根据不同的情况，采用不同的提问方法。运用语言法时，要创设积极的语用环境，正确运用语言技能，并且要注意与其他方法的有机结合。

五、案例分析题（本大题共 1 题，共 14 分。）

33. 答：此案例中教师用到了语言法、情境法和评价法。

（1）因为幼儿一般都会对自己的家人比较熟悉，所以以家人为主题开展的活动，老师先是让幼儿介绍自己的一家人。这是语言法中谈话法的运用。

（2）为了更好地开展"相亲相爱一家人"的系列活动，老师让幼儿回家后收集自己和家人的照片，并在第二天在老师的指导下将所有的照片用"爱心"圈起来。这是情境法的运用，为下面让幼儿表演家人对自己的关心创设情境。

（3）接下来老师又运用提问的方法，让幼儿讲讲自己"准备如何爱家人"。这是语言法中提问法的运用。

（4）老师对幼儿的表达爱的想法做出肯定，鼓励他们做一个懂得感恩的好孩子。这是评价法的运用。

第三编
近年自考试题汇编

2016 年 10 全国高等教育自学考试
幼儿园教育基础试卷

（课程代码　12339）

第 I 部分　选择题（20 分）

一、单项选择题（本大题共 25 小题，每小题 1 分，共 25 分。在每小题列出的四个备选项中只有一个是符合题目要求的。请将其选出并将"答题纸"的相应代码涂黑。错涂、多涂或未涂均无分。）

1. 将年幼儿童的教育融于生产生活之中，其主要任务是保证幼儿的存活。这体现的是下列哪种社会形态下幼儿教育的特点（　　）。

    A. 原始社会　　　　　　　　　　B. 奴隶社会

    C. 封建社会　　　　　　　　　　D. 社会主义社会

2. 强调教育即生活，主张学校的课程应着眼于儿童现在的生活经验，注重培养儿童对现实社会的适应能力。这反映的是下列哪位教育家的思想？（　　）。

    A. 卢梭　　　　　　　　　　　　B. 杜威

    C. 皮亚杰　　　　　　　　　　　D. 布鲁纳

3. 下列关于"完整儿童观"说法错误的是（　　）。

    A. 完整儿童指儿童作为个身心不可分离的有机整体存在着

    B. 儿童的身体和心理相互联系、相互制约，共同构成完整的儿童个人

    C. 完整儿童的心理发展包括认知、情感、意志和个性的协调统一发展

    D. 教育者为了儿童完整、全面的发展，可以适当采取暴力手段

4. 下列哪一项不属于工具本位的儿童观？（　　）。

    A. 家族本位的儿童观　　　　　　B. 国家本位的儿童观

C. 神本位的儿童观　　　　　　　D. 人本位的儿童观

5. 下列说法不正确的是（　　）。

　　A. 幼儿园的创立，标志着幼儿教育从此迈上了科学化的轨道

　　B. 在机器大生产以前的社会中，家庭始终是幼儿教养的基本单位

　　C. 亚里士多德首次提出教育要与人的自然发展相适应

　　D. 陶行知创办了我国第一所培养幼儿教师的机构—江西女子师范学校

6. 幼儿园教育要结合幼儿的现实发展需要，要启于未发，适时而教，循序而育，以免损伤"稚嫩的芽"，这体现了幼儿教育的（　　）。

　　A. 基础性　　　　　　　　　　　B. 发展性

　　C. 启蒙性　　　　　　　　　　　D. 公益性

7. 联合国《儿童权利公约》规定儿童享有多项权利，其中不包括（　　）。

　　A. 生存权　　　　　　　　　　　B. 发展权

　　C. 名誉权　　　　　　　　　　　D. 参与权

8. 幼儿园教育总目标的特点不包括（　　）。

　　A. 发展性　　　　　　　　　　　B. 终期性

　　C. 独特性　　　　　　　　　　　D. 统领性

9. 现代型幼儿教师应该承担的角色是（　　）。

　　A. 知识的传授者　　　　　　　　B. 幼儿教育活动的合作者

　　C. 幼儿的管理者　　　　　　　　D. 幼儿的控制者

10. 《幼儿园教师专业标准（试行）》要求幼儿教师所应具备的专业能力不包括（　　）。

　　A. 观察与了解幼儿的能力　　　　B. 环境创设的能力

　　D. 舞蹈、钢琴等艺术方面的能力　C. 沟通与合作的能力

11. 从横向上看，幼儿园教育目标的构成要素不包括（　　）。

　　A. 幼儿园教育活动目标　　　　　B. 身体目标

　　C. 认知目标　　　　　　　　　　D. 动作技能目标

12. 下列属于非智力因素的是（　　）。

　　A. 观察力　　　　　　　　　　　B. 记忆力

　　C. 兴趣与好奇心　　　　　　　　D. 注意力

13. 在选择幼儿园教育内容时，所依据的原则不包括（　　）。

　　A. 基础性原则　　　　　　　　　B. 启蒙性原则

C. 教育性原则　　　　　　　　D. 生活性原则

14. 《幼儿园教育指导纲要（试行）》指出，幼儿园教育工作的首要任务是（　　）。

A. 保护幼儿生命和促进幼儿健康

B. 保护幼儿的自尊心和自信心

C. 保护幼儿的好奇心和求知欲

D. 保护幼儿的想象力和创造力

15. 下列哪一个属于幼儿园教育的一般原则？（　　）。

A. 全面教育和协调发展的原则

B. 保教结合原则

C. 活动性原则

D. 寓教育于幼儿一日生活之中的原则

16. 下列关于幼儿园教育保教一体化的说法，错误的是（　　）。

A. "保"和"教"是幼儿园教育中相互渗透的两方面内容，不是完全分开的

B. 促进幼儿身心健康不仅是"保"的任务，也是"教"的任务

C. 保养幼儿的工作不是简单的生活照顾，而是对幼儿进行行为辅导和习惯培养

D. 教育教学的任务就是对幼儿进行单纯的知识和技能训练

17. 下列幼儿园教育的基本方法中，不属于复合型教育方法的是（　　）。

A. 语言法　　　　　　　　　　B. 形象法

C. 移情法　　　　　　　　　　D. 实践法

18. 产婆术是古希腊教育家苏格拉底的教学方法，实际上，产婆术即（　　）。

A. 讲解法　　　　　　　　　　B. 提问法

C. 讨论法　　　　　　　　　　D. 谈话法

19. 下列的提问方式属于发散式提问的是（　　）。

A. "你最喜欢吃的水果是什么？"

B. "鸭子会不会飞？"

C. "谁还有不一样的想法？"

D. "你认为青蛙是害虫，真的是害虫吗？"

20. 社会学习理论的代表人物是（　　）。

  A. 皮亚杰   B. 班杜拉

  C. 桑代克   D. 夸美纽斯

21. 关于幼儿游戏的特点，下列不符合的是（　　）。

  A. 自主性   B. 愉悦性

  C. 创造性   D. 现实性

22. 在给幼儿园不同年龄班配置玩具时，为小班幼儿应配置种类少但数量多的玩具；为大班幼儿配置种类丰富多彩，且能满足他们创造欲望的低结构玩具，这体现了幼儿园环境创设的（　　）。

  A. 安全与健康原则   B. 发展适宜性原则

  C. 目标导向性原则   D. 丰富性原则

23. 幼儿好动。好奇、好玩、好游戏的特点，需要幼儿园教育活动具有（　　）。

  A. 整合性   B. 游戏性

  C. 动态性   D. 多样性

24. 考虑到幼儿的身心发展规律，一般而言，小班幼儿的教学活动时间应为（　　）。

  A. 10 分钟   B. 15 分钟

  C. 20 分钟   D. 25 分钟

25. 幼儿社会化教育的第一场所是（　　）。

  A. 家庭   B. 幼儿园

  C. 学校   D. 社区

第Ⅱ部分　非选择题（80分）

二、名词解释题（本大题共 3 小题，每小题 4 分。共 12 分）

26. 吸收性心智

27. 正强化

28. 入学准备

三、简答题（本大题共 4 小题，每小题 6 分，共 24 分）

29. 如何正确理解幼儿园教育的基础性？

30. 简述幼儿教育工作者应具备的儿童观。

31. 环境对幼儿园教育的作用表现在哪些方面?

32. 简述设计幼儿园教学活动目标的要求。

四、论述题（本大题共 2 小题，每小题 12 分，共 24 分）

33. 结合幼儿园教育实际谈谈如何正确理解尊重和保护儿童原则。

34. 结合幼儿园教育实践谈谈教师如何做好幼儿园生活活动的组织指导工作。

五、案例分析题 （本题 15 分）

35. 某幼儿园王老师组织中班儿歌教学《春天就是我们自己》，她制定了如下活动目标，通过教学使幼儿初步学会儿歌，并能有表情地朗诵。发展幼儿的发散性思维，在学习儿歌的基础上，举一反三，创编儿歌。

问题：请根据教育目标制定的相关依据分析此活动目标存在的问题。

2016年10全国高等教育自学考试
幼儿园教育基础试卷
参考答案

（课程代码 12339）

一、单项选择题（本大题共25小题，每小题1分，共25分）

1. A	2. B	3. D	4. D	5. D	6. C	7. C
8. A	9. B	10. D	11. A	12. C	13. C	14. A
15. A	16. D	17. C	18. D	19. C	20. B	21. C
22. B	23. C	24. B	25. A			

二、名词解释题（本大题共3小题，每小题4分。共12分）

26. 吸收性心智，是指幼儿通过与周围环境的密切接触和感情联系，获得各种印象，吸收文化传统，并在此基础上形成自己的个性和行为模式。

27. 正强化，是指当人们采取某种行为时，能从他人那里得到某种令其感到愉快的结果，这种结果反过来义成为推进人们趋向或重复此种行为的力量。

28. 入学准备，是指为幼儿进入小学学习而对其进行相应的身心品质培养的工作总称。它是幼儿园教育工作的一个重要组部分。是幼儿园重要的教育任务，是衡量幼儿教育质量的重要标志之一

三、简答题（本大题共4小题，每小题6分，共24分）

29. 答：（1）幼儿园教育是基础教育，是我国学校教育和终身教育的奠基阶段。

（2）幼儿园教育在整个学制体系中居基础地位。

（3）幼儿园教育的对象正处于人生发展的初始阶段。

（4）幼儿园教育的基础性直接决定了幼儿园教育内容的基础性。

30. 答：（1）儿童是稚嫩的个体。

（2）儿童是独立的个体，享有基本权利。

（3）儿童是完整的个体。

（4）儿童是独特的个体，与成人不同。

（5）儿童是能动的个体，具有学习和发展的主动性。

31. 答：环境对幼儿园教育的意义及作用一方面通过环境对幼儿发展的意义及作用体现出来，另一方面，环境直接影响幼儿因教育本身，甚至环境本身就具有教育意义，具体表现在：

（1）环境为幼儿园教育提供了活动空间。

（2）环境包含了幼儿学习对象，是幼儿园教育内容的有机组成部分。

（3）环境在一定程度上决定了幼儿园教育方式。

32. 答：（1）幼儿园教学活动目标要符合幼儿的认知水平和情感需要。

（2）幼儿园教学活动目标应包含情感态度、认知和动作技能三个方面，表述应具体明确，操作性强。

四、论述题（本大题共 2 小题，每小题 12 分，共 24 分）

33. 答：（1）尊重和保护儿童原则的含义：尊重和保护儿童原则是要求教师把儿童当作教育的主体，尊重其主体权力与地位，并为儿童的发展提供保护，消除教育活动过程中可能对儿童身心产生伤害的各种隐患，促进儿童健康持续的发展。尊重幼儿主要包括幼儿的生命、人格、地位与权利、身心发展特点和个性差异、学习特点等。保护幼儿需要做到保护幼儿的健康、安全、自尊心、自信心、好奇心、求知欲或探究欲、创造力，想象力等。

（2）幼儿教师在贯彻尊重和保护原则时需要做到，以平等的身份参与幼儿的活动，学会领听；呵护幼儿的身心健康，及时发现幼儿的兴趣，捕捉教育契机。理解欣赏幼儿，做幼儿自主活动的鼓助者、支持者、帮助者。

（3）在贯彻尊重和保护原则时还应避免滥用教师权威，以老师为中心等不恰当的做法。

34. 答：（1）幼儿园生活活动的含义：生活活动是指幼儿园中满足幼儿基本生活需要的活动，主要包括入园、盥洗、进餐、喝水、如厕、自由活动、午睡、离园等。

（2）幼儿园生活活动的特点：由于幼儿园生活活动具有基础性、独特性、习惯性、情感性等特点，决定了幼儿园生活活动对幼儿成长与发展具有重要意义。

（3）针对不同生活活动内容提出不同的指导要求。

总结：幼儿园生活活动的这些环节都有相对应的常规要求，这些要求可以使保教工作有目的、有计划，有组织、有条理地进行，也可以帮助幼儿养成良好的生活卫生习惯，保证幼儿一日生活的作息规律和各项活动的紧张有序与有度。在建立合理的生活常规或制度要求时，教师要充分尊重幼儿的生活节奏，尊重幼儿自由的权利，避免将幼儿的生活人为地分成一个个条块，将幼儿的活动限定在特定时间内，紧跟教师从一个活动转到另一个活动。

五、案例分析题（本题 15 分）

35. 答：（1）案例中，王老师的做法是欠妥的。幼儿园教育目标是以教育目的、教育方针规定及幼儿教育目标等为宗旨，以把幼儿培养什么样的人才为依据，针对幼儿园机构的特点及教育实际情况而制定出来的目标。

（2）制定幼儿园教育目标的依据之一是：依据幼儿身心发展规律、特点及需要。

（3）幼儿园教育目标是通过具体活动目标实现的。本案例中活动目标应依据幼儿身心发展规律、特点及需要来设定，该幼儿教师片面理解幼儿全面发展的理念，盲目求多、求全。在一个活动中既要学新儿歌，又要创编儿歌，对中班儿童来说这样的目标要求脱离了幼儿发展的实际水平，目标是难以实现的。

2017 年 10 全国高等教育自学考试
幼儿园教育基础试卷

（课程代码　12339）

第 I 部分　选择题（20分）

一、单项选择题（本大题共25小题，每小题1分，共25分。在每小题列出的四个备选项中，只有一个是符合题目要求的，请将其代码填写在题后的括号内。错选、多选或未选均无分。）

1. 按照 1904 年"癸卯学制"的规定，已属于幼儿园性质的机构名称为（　　）。

    A. 蒙养院

    B. 托儿所

    C. 幼稚院

    D. 幼稚园

2. 1816 年，为工人阶级创办第一所幼儿教育机构的英国空想社会主义者是（　　）。

    A. 欧文

    B. 卢梭

    C. 傅立叶

    D. 圣西门

3. 第一次以马克思主义观点阐述幼儿教育理论的教育家是（　　）。

    A. 苏霍姆林斯基

    B. 维果斯基

C. 克鲁普斯卡娅

D. 赞可夫

4.《母育学校》是教育史上第一部论述幼儿教育的专著，对后世幼儿教育思想的发展影响很大。它的作者是（   ）。

A. 卢梭

B. 裴斯泰洛齐

C. 夸美纽斯

D. 柏拉图

5. 1903 年创办我国第一所幼稚园的人是（   ）。

A. 李鸿章

B. 端方

C. 张之洞

D. 严修

6.《幼儿园教师专业标准（试行）》从"专业理念与师德"方面对幼儿教师提出一些要求，其中不包括（   ）。

A. 遵循教育规律. 遵守法律法规

B. 爱与尊重

C. 掌握一定的行为规范，有良好的个人修养

D. 掌握广博的文化科学知识

7. 下列体现了幼儿园环境的隐性教育作用的是（   ）。

A. 教师为了某一主题或活动创设环境，吸引幼儿去探索、思考，参与实践

B. 将环境作为课程的一部分，让幼儿在与环境和材料的互动中，获得直观的知识并感知世界

C. 教师让幼儿在参与环境布置的过程中发展自主感，形成积极和主动的行为方式

D. 师幼互动、教师对待幼儿的态度给孩子不同的感知体验，从而影响孩子的心理状态和精神成长

8. 下列哪位教育家认为儿童的心理发展具有独特的"心理胚胎期""吸收性心智"和"敏感期"（   ）。

A. 卢梭

B. 福禄贝尔

  C. 蒙台梭利

  D. 杜威

9. "我生活中最主要的东西是什么？我毫不犹豫地回答：对孩子的爱"，这句名言是出自哪位教育家（ ）。

  A. 皮亚杰

  B. 苏霍姆林斯基

  C. 高尔基

  D. 福禄贝尔

10. "反对一切形式的歧视，使每个儿童都得到平等的对待"是指儿童享有的什么权利（ ）。

  A. 生存权

  B. 发展权

  C. 受保护权

  D. 参与权

11. 认为儿童的道德发展遵循着从无律、他律到自律发展方向的是下列哪位教育家（ ）。

  A. 皮亚杰

  B. 卢梭

  C. 科尔伯格

  D. 福禄贝尔

12. 通常用"是不是""能不能""会不会""对吗"等句式提问，限定回答的范围，一般在征询意见时采用。这种提问方式属于如（ ）。

  A. 开放式提问

  B. 封闭式提问

  C. 发散式提问

  D. 反诘式提问

13. 教育目的、教育目标、幼儿教育目标、幼儿园教育目标之间的关系是（ ）。

  A. 互不相干

  B. 相互关联

  C. 相互排斥

D. 相互并列

14.《3~6岁儿童学习与发展指南》关于幼儿身心状况方面规定：3~4岁阶段要求"有初步的适应能力"；4~5岁阶段要求"有一定的适应能力"；5~6岁要求"有较强的适应能力"。这体现了幼儿年龄阶段目标的什么特点（　　）。

    A. 层次性

    B. 发展性

    C. 生活性

    D. 递进性

15. 教师通过口语向幼儿陈述或解释某事物的一种方法叫作（　　）。

    A. 讲解法

    B. 谈话法

    C. 提问法

    D. 讨论法

16. 教师学小鸟的鸣叫声，惟妙惟肖，使幼儿仿佛听到了一只小鸟在眼前。该教师使用的是（　　）。

    A. 语言形象法

    B. 行为形象法

    C. 实物形象法

    D. 榜样形象法

17. 在教师权威的使用方式中，下列哪一项不能够对幼儿的发展产生积极的巨大的影响（　　）。

    A. 榜样示范

    B. 命令与权威式的言语

    C. 关心言辞

    D. 正面教育

18. 教师针对语言活动"小兔子开铺子"布置"小兔子商店"，里面摆放符合儿歌内容的小桌子、小椅子、小袜子、小瓶子、小帽子等，幼儿在这种场景下学习儿歌效果更好。这是一种（　　）。

    A. 表演情境创设

    B. 问题情境创设

    C. 故事情境创设

D. 生活情境创设

19. 情境创设需要遵循一定的原则，下列哪个不属于情境创设的原则（　　　）。

　　A. 幼儿主体性原则

　　B. 具体直观性原则

　　C. 趣味性原则

　　D. 体验性原则

20. 通过剥夺幼儿的某项权利、愿望等方式，纠正幼儿的不良行为习惯，这种方法叫作（　　　）。

　　A. 惩罚

　　B. 批评

　　C. 自然消退

　　D. 积极强化

21. 下列哪种教育活动的类型是不属于按照活动对象的关联程度划分的（　　　）。

　　A. 主题教育活动

　　B. 领域教育活动

　　C. 小组游戏活动

　　D. 区域教育活动

22. 真正意义上的游戏，其动机是来自于幼儿内在的，能满足幼儿内在的需要，在游戏中，他们有充分的自由，可以自己决定游戏的进程与节奏。这体现了幼儿游戏的什么特点（　　　）。

　　A. 愉悦性

　　B. 现实性

　　C. 非功利性

　　D. 自主性

23. 教师的积极期望是促使学生产生自信，进而获得良好学习效果的方法，但消极的期望则会产生不良的学习效果，甚至使本来成绩不错的学生变为差生。这是什么原理（　　　）。

　　A. "罗森塔尔效应"

　　B. "马太效应"

　　C. "近因效应"

D. "破窗理论"

24. 环境创设既要与幼儿的身心发展水平相适应，又要促进幼儿身心进一步发展。这体现的是环境创设的（　　）。

    A. 目标导向性原则

    B. 发展适宜性原则

    C. 丰富性原则

    D. 开放性原则

25. 下列哪点不属于儿童从幼儿园进入小学后的不适应的表现（　　）。

    A. 学习上的不适应

    B. 社会性方面的不适应

    C. 师生关系的不适应

    D. 亲子关系的不适应

第Ⅱ部分　非选择题（80分）

二、名词解释题（本大题共 3 小题，每小题 4 分，共 12 分。）

26. 恩物

27. 幼儿教师观

28. 保教结合

三、**简答题**（本大题共 4 小题，每个小题 6 分，共 24 分）

29. 简述幼儿园教育对幼儿发展的作用。

30. 简述幼儿教师角色转变。

31. 如何贯彻幼儿教育的活动性原则?

32. 简述幼儿园精神环境的含义及其创设。

四、论述题 （本大题共 2 小题，每个小题 12 分，共 24 分）

33. 制定幼儿园教育目标的依据是什么？它有哪些要求？

34. 幼儿园为什么要以游戏为基本活动？试分析理由。

五、案例分析题（本题 15 分）

35. 某老师开展了大班的"相亲相爱一家人"的系列活动。一、谈话活动"我和家人"，请幼儿回家收集自己和家人的合影照，在老师的指导下布置了一个展板，将所有的照片用"爱心"圈起来，由幼儿介绍自己的一家人。二、讲述及表演活动，请幼儿讲述家人爱自己的故事，并模拟家庭生活场景，表演家人对自己的关心。三、讲述及绘画活动，老师请幼儿讲讲"自己准备如何爱家人"，并将想法画下来。四、总结活动。老师对幼儿表达爱的想法做出肯定，鼓励他们做一个懂得感恩的好孩子。

问题：试分析上例中用到了哪些教育方法。

2017 年 10 全国高等教育自学考试
幼儿园教育基础试卷
参考答案

（课程代码　12339）

一、单项选择题

1. A	2. A	3. C	4. C	5. B	6. D	7. D
8. C	9. B	10. C	11. A	12. B	13. B	14. D
15. A	16. A	17. B	18. D	19. D	20. A	21. C
22. D	23. A	24. B	25. D			

二、名词解释题（本大题共 3 小题，每小题 4 分，共 12 分。）

26. 恩物是由德国幼儿教育家福禄贝尔发明的一种特制的玩具，幼儿可以通过它来认识物体形象，学习世界的法则，发展自己的感官和其他本能。

27. 幼儿教师观，是指关于幼儿教育机构中的教师的观念，包括幼儿教师应承担的角色，幼儿教师具备的专业素质等。

28. 保教结合，是指既保养幼儿使之正常发育，健康成长，又在知识、智力、品德上进行必要的训练和教育。"保"和"教"是教育整体的不同方面，同时对幼儿产生影响。

三、简答题（本大题共 4 小题，每小题 6 分，共 24 分。）

29. 答：（1）促进幼儿在体、智、德、美诸方面全面和谐的发展。

（2）为幼儿进入小学教育和终身教育做好准备。

30. 答：（1）从知识的传授者转变为学习的引导者。

（2）从幼儿的管理者转变为幼儿权利的维护者和保障者。

（3）从教育活动的控制者转变为合作者。

31.答：（1）为幼儿提供丰富的活动材料。幼儿活动的开展有赖于一定的环境条件，材料是环境的有机组成部分，是幼儿活动的物质支柱，教师要为幼儿投放丰富的、足够的、适宜的材料。

（2）为幼儿活动创设宽松的充满爱的心理环境。

（3）及时满足幼儿的兴趣和学习需要。幼儿的兴趣和需要是幼儿园教育活动开展的驱动力和出发点，教师及时满足幼儿的学习需要，是对幼儿积极有效活动的保障。

32.答：幼儿园精神环境主要是指对幼儿园教育和幼儿发展产生影响的一切精神因素的总和。

幼儿园精神环境创设主要包括：

（1）建立良好的人际关系。包括师幼关系；同伴关系；教师与家长关系；同事关系。

（2）营造宽松、和谐、积极的幼儿园氛围。一个安全与自由的幼儿园氛围会使幼儿萌发学习的热情，获得情感的满足，得到心灵的陶冶。

四、论述题（本大题共2小题，每小题12分，共24分。）

33.答：制定幼儿园教育目标要依据：

（1）幼儿的身心发展规律、特点及需要。幼儿的身心发展是幼儿园教育的根本追求，幼儿园教育目标应反映幼儿发展的需要。幼儿身心发展水平决定着幼儿园教育目标所涉及的水平高度。

（2）社会发展的需要。幼儿园教育目标是依据社会的经济、文化、政治、科技等来构成的，只有考虑社会的需求，培养的幼儿才能在社会中立足。

（3）我国的教育目的。我国的教育方针提出以培养"德智体美全面发展"的人为根本目的，这是我国各级各类教育的总的指导思想。

幼儿园教育目标必须具有：

（1）整体性。幼儿园教育目标必须是由幼儿发展的方方面面构成，不仅涵盖身体和认知的构成，还必须包含情感、社会性、个性等。

（2）时代性。幼儿园教育目标的制定必须反映时代需求，在重视知识学习的同时，更加注重幼儿的生活、做人、做事等方面能力的培养。

（3）年龄差异性。幼儿园教育目标的制定要突出各个年龄阶段的特点，使各个年龄阶段的目标适合相应的幼儿发展水平。

34. 答：幼儿园以游戏为基本活动，幼儿园不仅要多开展游戏，而且其他的活动都要尽可能地采取游戏的手段或形式来开展，让幼儿在快乐的氛围中学习，寓教于乐。其理由有三个：

（1）由幼儿身心发展规律及特点所决定。游戏是幼儿最喜爱的活动，因为游戏适应幼儿身心发展的年龄特点和内部需要，而成为幼儿的主导活动。

（2）是人们对幼儿教育历史经验认识并总结的结果。蒙台梭利、杜威和我国的陈鹤琴等许多学者都强调了游戏对于幼儿教育的重要性。在现今的幼儿教育界，已达成游戏是幼儿园的基本活动的观念和共识。

（3）源自幼儿教育相关政策法规中的规定。我国政府将上述的认识以法规的形式规定下来，使之进入到制度文本当中。如《幼儿园工作规程》《幼儿园教育指导纲要（试行）》中都有关于游戏是幼儿园基本活动的相关规定，以此达到规范幼儿教师教育行为的目的。

五、案例分析题（本题15分。）

35. 答：幼儿园的教育方法是根据幼儿身心发展规律和幼儿教育的性质特点，为促进幼儿身心健全发展而采取的教育教学手段的总称。

此案例中教师用到了多种教育方法。

活动一幼儿回家收集自己和家人的合影照，用的是实践法；谈话活动"我和家人"时，用的是语言法。活动二幼儿讲述家人爱自己的故事，用的是语言法；让幼儿模拟家庭生活场景，表演家人对自己的关心，用的是情境法。活动三老师请幼儿讲讲"自己准备如何爱家人"，并将想法画下来，用的是语言法和实践法。

活动四老师对幼儿表达爱的想法做出肯定，鼓励他们做一个懂得感恩的好孩子，用的是评价法。

在教育活动中各种方法的运用有利于达成教育目标，使幼儿的学习效果更好。